KOMPLETNA KSIĄŻKA KUCHENNA TOFFI

Kuś się 100 kuszącymi smakołykami maślanej rozkoszy

Paulina Kwiatkowska

Prawa autorskie ©2024

Wszelkie prawa zastrzeżone

Żadna część tej książki nie może być wykorzystywana ani rozpowszechniana w jakiejkolwiek formie i w jakikolwiek sposób bez odpowiedniej pisemnej zgody wydawcy i właściciela praw autorskich, z wyjątkiem krótkich cytatów użytych w recenzji. Niniejsza książka nie powinna być traktowana jako substytut porady lekarskiej, prawnej lub innej porady zawodowej.

SPIS TREŚCI

SPIS TREŚCI 3
WSTĘP 6
ŚNIADANIE 7
   1. BANOFFEE CRUFFINS 8
   2. CHLEB BANANOWY Z TOFFI I POSYPKĄ 11
   3. CIASTECZKA BRZOSKWINIOWO-TOFFI 13
   4. GOFR BANOFFEE 15
   5. CHLEB TOFFI O STRUKTURZE PLASTRA MIODU 17
   6. BUŁECZKI CYNAMONOWE TOFFI 19
   7. BABECZKI JABŁKOWE TOFFI 21
   8. NALEŚNIKI NA MAŚLANCE TOFFI 23
   9. PŁATKI OWSIANE TOFFI I CYNAMONU 25
   10. TOST FRANCUSKI Z TOFFI 27
   11. PARFAIT JOGURTOWY TOFFI 29
   12. NALEŚNIKI TOFFI BANANOWE 31
   13. QUESADILLA ŚNIADANIOWA Z TOFFI 33
   14. MUFFINKI NA MAŚLANCE TOFFI 35
   15. PŁATKI OWSIANE TOFFI-KARMEL 37
   16. TOFFI MIGDAŁOWA GRANOLA 39
   17. MUFFINKI CHLEBOWE TOFFI I BANANÓW 41
   18. SZEWC ŚNIADANIOWY Z TOFFI I JABŁKAMI 43
PRZEKĄSKI I CUKIERKI 45
   19. CRUNCH CZEKOLADOWO-TOFFI 46
   20. BATONY Z ORZECHAMI KARMELOWYMI 48
   21. SKARBY Z NERKOWCA TOFFI 50
   22. BATONY ZBOŻOWE TOFFI 52
   23. BATONIKI TOBLERONE 54
   24. POPCORN MIGDAŁOWO-TOFFI 56
   25. BATONY TOFFI HERSHEY'S 58
   26. CIASTECZKA BANOFFEE Z POLEWĄ ESPRESSO 60
   27. UKĄSZENIA CIASTA BANOFFEE 63
   28. CHOC BANOFFEE FILO STOS 65
   29. TARTALETKI BANOFFEE 67
   30. BABECZKI BANOFFEE 70
   31. MROŻONE PRZYSMAKI BANOFFEE 73
   32. DIP BANOFFEE Z KRAKERSAMI GRAHAM 75
   33. UKĄSZENIA ENERGETYCZNE BANOFFEE 77
   34. MIESZANKA POPCORNU BANOFFEE 79
   35. BANOFFEE BRUSCHETTA GRYZIE 81
   36. BATONY BANOFFEE GRANOLA 83

37. Banoffee S'mores ugryza 85
38. Batony Sernikowe Banoffee 87
39. Kora kowboja CandiQuik 89
40. Czekoladowe toffi 91
41. Batony cynamonowe toffi 93
42. Angielski pub Toffee 95
43. Kandyzowane kwadraty z boczkiem toffi 97
44. Pręty z preclami toffi 99

DESER 101
45. Lepki budyń toffi z sosem karmelowo-rumowym 102
46. Wilgotne lepkie ciasto bananowe do góry nogami z toffi ... 105
47. Pudding jabłkowy lepki z przyprawionym toffi 108
48. Lody Karmelowo-Toffi 111
49. Lodowe brûlée cytrynowe z toffi 114
50. Trufle toffi 116
51. Kleiste ciasteczka toffi z karmelem miso i gruszką 118
52. Ciasteczka czekoladowe z kawałkami toffi i mokką 122
53. Ciasto mokka toffi 125
54. Pot de crème z kawałkami toffi różanego i pistacjowego ... 128
55. Ciasto Banoffee 131
56. Wódka bez pieczenia Toffi Sernik jabłkowy 135
57. Ciasto Toffi 138
58. Tartaletki Banoffee bez pieczenia 140
59. Lody Banoffee z lodami 143
60. Brownie Toffi Błazen 145
61. Ciasto orzechowe Banoffee Bundt 147
62. Toffi Crunch Eclairs 149
63. Ciasteczka z masłem orzechowym i toffi 152
64. Angielskie toffi 154
65. Ciasto z kremem toffi 156
66. Fondue toffi 158
67. Espresso Toffi Crunch Semifreddo 160
68. Parfaity kawowo-toffi 162
69. Budyń Chlebowy Toffi 164
70. Batony Sernik Toffi 166
71. Toffi Jabłkowe Crisp 168
72. Toffi Banan Split 170
73. Ciasto z toffi i orzechami 172

PRZYPRAWY 174
74. Masło Toffi 175
75. Lukier Toffi Waniliowy 177
76. Sos Toffi 179
77. Bita śmietana toffi 181

78. Kremowy serek toffi 183
79. Miód toffi 185
80. Glazura toffi 187
81. Syrop toffi 189
82. Krem toffi 191
83. Sos Naleśnikowy Toffi 193

NAPOJE 195
84. Koktajl mleczny toffi 196
85. Mrożona herbata toffi 198
86. Banoffee Frappuccino 200
87. Koktajl kawowy Banoffee 202
88. Koktajl białkowy Banoffee 204
89. Banoffee Blitz Koktajl 206
90. Wino jęczmienne i toffi 208
91. Herbata Crème Brûlée Boba z Toffi 210
92. Latte Orzechowe Toffi 213
93. Toffi rosyjskie 215
94. Banoffee Pie Martini 217
95. Banoffee staromodny 219
96. Koktajl mleczny Banoffee 221
97. Koktajl Banoffee Pie 223
98. Ciasto Banoffee Frappe 225
99. Gorąca czekolada Banoffee 227
100. Banoffee Colada 229

WNIOSEK 231

WSTĘP

Witamy w „KOMPLETNA KSIĄŻKA KUCHENNA TOFFI", rozkosznej podróży do świata maślanej błogości i nieodpartej słodyczy. Toffi o bogatym karmelowym smaku i satysfakcjonującej chrupkości jest uwielbianym przysmakiem od pokoleń, cenionym za swój rozkoszny smak i pocieszające ciepło. W tej książce kucharskiej zapraszamy Cię do odkrywania nieskończonych możliwości toffi za pomocą 100 kuszących smakołyków, które z pewnością zachwycą Twoje kubki smakowe i zaspokoją Twoje pragnienia.

Toffi to klasyk słodyczy, który przetrwał próbę czasu, przewyższając pokolenia i kultury swoim ponadczasowym urokiem. Niezależnie od tego, czy jest to samodzielny cukierek, dodatek do wypieków, czy też dodatek do deserów, toffi potrafi dodać odrobinę luksusu każdemu kulinarnemu kreacji.

W tej kolekcji przepisów zgłębimy sztukę przygotowywania toffi od podstaw, od tradycyjnych przepisów przekazywanych przez wieki po innowacyjne zwroty akcji, które przesuwają granice smaku i kreatywności. Niezależnie od tego, czy jesteś doświadczonym cukiernikiem, czy nowicjuszem w kuchni, każdy przepis został opracowany tak, aby był przystępny, łatwy do wykonania i gwarantował, że zrobi wrażenie. Ale „Kompletna książka kucharska z toffi" to coś więcej niż zbiór przepisów — to święto odpustu, dekadencji i prostych przyjemności płynących z dobrego jedzenia. Niezależnie od tego, czy częstujesz się słodką przekąską, dzielisz się domowymi smakołykami z bliskimi, czy tworzysz niezapomniane desery na specjalne okazje, toffi potrafi wnieść radość i komfort w każdej chwili. Niezależnie od tego, czy masz ochotę na klasyczny batonik toffi, maślany sos toffi czy dekadencki deser z dodatkiem toffi, niech „Kompletna książka kucharska z toffi" będzie Twoim przewodnikiem po maślanej rozkoszy. Od pierwszego rozpływającego się w ustach kęsa po ostatni, utrzymujący się smak karmelizowanej dobroci, niech każdy przepis kusi Cię swoim nieodpartym urokiem i sprawia, że masz ochotę na więcej.

ŚNIADANIE

1. Banoffee Cruffins

SKŁADNIKI:

NA CIASTO CRUFFIN:
- 1 puszka ciasta na croissanty (dostępne w dziale chłodnie)
- 2 łyżki roztopionego, niesolonego masła
- ¼ szklanki brązowego cukru
- 1 łyżeczka mielonego cynamonu
- 1 dojrzały banan, pokrojony w cienkie plasterki
- ¼ szklanki sosu toffi lub sosu karmelowego

NA POLEWĘ:
- ½ szklanki gęstej śmietanki
- 1 łyżka cukru pudru
- ½ łyżeczki ekstraktu waniliowego
- 1 mały banan, pokrojony w plasterki
- Pokruszone kawałki toffi (opcjonalnie)

INSTRUKCJE:

a) Rozgrzej piekarnik zgodnie z instrukcją na opakowaniu ciasta na rogaliki.
b) Otwórz puszkę ciasta na rogaliki i rozwałkuj je. Oddziel trójkąty.
c) W małej misce wymieszaj brązowy cukier i mielony cynamon.
d) Posmaruj każdy trójkąt rogalika roztopionym masłem, a następnie obficie posyp mieszanką brązowego cukru i cynamonu.
e) Połóż kilka plasterków dojrzałego banana na szerokim końcu każdego trójkąta rogalika, a następnie skrop plasterki banana odrobiną sosu toffi lub karmelu.
f) Zwiń każdy trójkąt rogalika od szerszego końca do czubka, tworząc kształt półksiężyca. Upewnij się, że sos bananowy i toffi są dobrze umieszczone w środku.
g) Formę do muffinów wysmaruj nieprzywierającym sprayem lub masłem.
h) Umieść każdego nadziewanego rogalika w jednej z foremek na muffinki, upewniając się, że koniec jest schowany pod spód, aby zapobiec jego rozplątaniu.
i) Piec w nagrzanym piekarniku zgodnie z instrukcją na opakowaniu ciasta na rogaliki, zwykle do momentu, aż będą złocistobrązowe i napęczniałe.

j) W czasie gdy Cruffiny się pieką, przygotuj polewę. W misie miksera ubijaj gęstą śmietanę, aż zgęstnieje. Dodaj cukier puder i ekstrakt waniliowy i kontynuuj ubijanie, aż masa będzie sztywna.
k) Po upieczeniu cruffinów należy pozostawić je na kilka minut w formie do muffinów, a następnie przenieść na metalową kratkę do całkowitego wystygnięcia.
l) Gdy cruffiny ostygną, wyciśnij lub łyżką bitą śmietanę na wierzch każdego cruffina.
m) W razie potrzeby udekoruj dodatkowymi plasterkami banana i pokruszonymi kawałkami toffi.
n) Podawaj pyszne Banoffee Cruffins i ciesz się!

2.Chleb Bananowy Z Toffi i Posypką

SKŁADNIKI:
- 1 kostka roztopionego masła
- ½ szklanki granulowanego cukru
- ½ szklanki pakowanego brązowego cukru
- 1 łyżka ekstraktu waniliowego
- 2 jajka
- 2 szklanki mąki uniwersalnej
- 1 łyżeczka sody oczyszczonej
- ½ łyżeczki soli
- 1 (5 uncji) pojemnik jogurtu greckiego
- 3 bardzo dojrzałe banany
- 1 szklanka kawałków toffi
- ½ szklanki kolorowej posypki
- Tryb gotowania: zapobiega przyciemnianiu ekranu

INSTRUKCJE:

a) Rozgrzej piekarnik do 150°F i obficie nasmaruj formę do pieczenia chleba o wymiarach 9x5.

b) Zacznij od roztopienia masła. W dużej misce połącz roztopione masło, cukier granulowany i cukier brązowy. Dodaj ekstrakt waniliowy i jajka, miksuj aż do połączenia.

c) W osobnej małej misce wymieszaj mąkę uniwersalną, sodę oczyszczoną i sól. Stopniowo dodawaj te suche składniki do mokrej mieszanki, mieszając, aż się połączą.

d) Delikatnie dodaj dojrzałe banany, jogurt grecki, kawałki toffi i ¼ szklanki kolorowej posypki. Ciasto wlewamy do przygotowanej formy i posypujemy pozostałą posypką.

e) Piec przez 55-65 minut lub do momentu, gdy wykałaczka wbita w środek będzie czysta. Cieszyć się!

3. Ciasteczka brzoskwiniowo-toffi

SKŁADNIKI:
- 2 filiżanki mąki uniwersalnej
- 1/4 szklanki granulowanego cukru
- 1 łyżka proszku do pieczenia
- 1/2 łyżeczki soli
- 1/2 szklanki niesolonego masła, zimnego i pokrojonego w kostkę
- 3/4 szklanki maślanki
- 1 łyżeczka ekstraktu waniliowego
- 2 szklanki pokrojonych w plasterki brzoskwiń
- Sos toffi
- Bita śmietana, do podania

INSTRUKCJE:
a) Rozgrzej piekarnik do 220°C (425°F).
b) W dużej misce wymieszaj mąkę, cukier, proszek do pieczenia i sól.
c) Do suchych składników dodać pokrojone w kostkę zimne masło. Za pomocą noża do ciasta lub palców pokrój masło w mieszankę mąki, aż będzie przypominać grube okruchy.
d) Zrób wgłębienie na środku mieszanki i wlej maślankę oraz ekstrakt waniliowy. Mieszaj, aż się połączą.
e) Wyrośnięte ciasto wyłóż na blat posypany mąką i delikatnie zagniataj kilka razy, aż się połączy.
f) Rozwałkuj ciasto na okrąg o grubości 1 cala i wycinaj ciasteczka za pomocą foremki do ciastek.
g) Ciasteczka układamy na blasze wyłożonej papierem do pieczenia.
h) Piec przez 12-15 minut lub do złotego koloru.
i) Wyjmij z piekarnika i pozwól im lekko ostygnąć.
j) Ciasteczka przekrój poziomo na pół. Napełnij je pokrojonymi w plasterki brzoskwiniami. Skrop brzoskwinie sosem toffi.
k) Wierzch posmaruj bitą śmietaną i połóż na wierzchu drugą połowę ciasta.
l) Posmaruj ułożone kruche ciasteczka większą ilością sosu toffi.
m) Podawaj i ciesz się!

4.Wafel Banoffee

SKŁADNIKI:
- 2 banany
- 25 g niesolonego masła
- 30 g brązowego cukru
- 2 gofry belgijskie
- 1 gałka lodów Banoffee Crunch
- 1 gałka lodów krówkowych toffi
- 15 g bitej śmietany
- 20 g dulce de leche
- 15 g sosu czekoladowego
- 2 bary Cadbury
- 3 Świeże truskawki

INSTRUKCJE:

BANANY:

a) Obierz i pokrój banany.
b) Na patelni rozpuść niesolone masło na średnim ogniu.
c) Do roztopionego masła dodać brązowy cukier i mieszać, aż cukier się rozpuści.
d) Dodaj plasterki banana na patelnię i smaż, aż się karmelizują, od czasu do czasu je obracając. Powinno to zająć około 3-5 minut. Odłożyć na bok.

GOFRY:

e) Opiekaj gofry belgijskie zgodnie z instrukcją na opakowaniu lub do momentu, aż staną się złotobrązowe i chrupiące.
f) Połóż jeden podpieczony gofr na talerzu.
g) Na waflu rozsmaruj warstwę karmelizowanych bananów.
h) Na karmelizowanych bananach połóż gałkę lodów chrupiących Banoffee i gałkę lodów krówkowych toffi.
i) Połóż bitą śmietanę na lodach.
j) Bitą śmietanę polej dulce de leche i sosem czekoladowym.
k) Batony Cadbury połamać na małe kawałki i posypać nimi gofry.

TRUSKAWKI:

l) Umyj i pokrój świeże truskawki.
m) Na wierzchu gofra ułóż plasterki truskawek.
n) Podawaj gofry Banoffee natychmiast, gdy są jeszcze ciepłe, a lody lekko roztopione.

5. Chleb Toffi o strukturze plastra miodu

SKŁADNIKI:
- 3 szklanki mąki uniwersalnej
- 2 łyżeczki aktywnych suchych drożdży
- 1 łyżeczka soli
- 2 łyżki miodu
- 1 szklanka ciepłej wody
- ¼ szklanki roztopionego masła
- ½ szklanki pokruszonego toffi o strukturze plastra miodu (opcjonalnie)

INSTRUKCJE:
a) W dużej misce wymieszaj mąkę, drożdże i sól.
b) W osobnej misce wymieszaj miód z ciepłą wodą, aż miód się rozpuści.
c) Wlać mieszaninę miodu i wody do mieszaniny mąki i dobrze wymieszać, aby utworzyć ciasto.
d) Ciasto wyrabiamy na lekko posypanej mąką powierzchni przez około 5-7 minut, aż będzie gładkie i elastyczne.
e) Ciasto włóż do natłuszczonej miski, przykryj czystym ręcznikiem kuchennym i odstaw do wyrośnięcia w ciepłym miejscu na około 1 godzinę lub do czasu, aż podwoi swoją objętość.
f) Rozgrzej piekarnik do 190°C (375°F).
g) Wyrośnięte ciasto zagnieść i uformować bochenek.
h) Umieścić bochenek w natłuszczonej formie do pieczenia i posmarować wierzch roztopionym masłem.
i) Posypujemy wierzch bochenka pokruszonym toffi o strukturze plastra miodu, lekko wciskając je w ciasto.
j) Piecz chleb w nagrzanym piekarniku przez 25-30 minut lub do złotego koloru.
k) Wyjąć chleb z piekarnika i pozostawić do ostygnięcia na metalowej kratce przed pokrojeniem i podaniem.

6. Roladki cynamonowe z toffi

SKŁADNIKI:
- 1 opakowanie (8 uncji) chłodzonych bułek w kształcie półksiężyca
- 1/4 szklanki kawałków toffi
- 2 łyżki masła, roztopionego
- 1/4 szklanki brązowego cukru
- 1 łyżeczka mielonego cynamonu

INSTRUKCJE:
a) Rozgrzej piekarnik do 190°C i natłuść naczynie do pieczenia.
b) Rozwiń ciasto w kształcie półksiężyca na czystą powierzchnię i podziel je na trójkąty.
c) W małej misce wymieszaj kawałki toffi, roztopione masło, brązowy cukier i cynamon.
d) Rozłóż mieszaninę toffi równomiernie na każdym trójkącie ciasta.
e) Zwiń każdy trójkąt zaczynając od szerszego końca i ułóż je w przygotowanym naczyniu do pieczenia.
f) Piec przez 12-15 minut lub do złotego koloru.
g) Podawaj na ciepło i delektuj się lepkimi bułeczkami toffi i cynamonem na śniadanie!

7. Babeczki Jabłkowe Toffi

SKŁADNIKI:
- 2 filiżanki mąki uniwersalnej
- 1/2 szklanki granulowanego cukru
- 1 łyżka proszku do pieczenia
- 1/2 łyżeczki soli
- 1/2 szklanki niesolonego masła, roztopionego
- 2 duże jajka
- 1 szklanka mleka
- 1 łyżeczka ekstraktu waniliowego
- 1 szklanka pokrojonych w kostkę jabłek
- 1/2 szklanki kawałków toffi

INSTRUKCJE:
a) Rozgrzej piekarnik do 190°C i wyłóż formę do muffinów papierowymi papilotkami.
b) W dużej misce wymieszaj mąkę, cukier, proszek do pieczenia i sól.
c) W osobnej misce wymieszaj roztopione masło, jajka, mleko i ekstrakt waniliowy.
d) Wlać mokre składniki do suchych i wymieszać tylko do połączenia.
e) Dodać pokrojone w kostkę jabłka i kawałki toffi.
f) Rozłóż ciasto równomiernie pomiędzy papilotkami na muffinki.
g) Piec przez 18-20 minut lub do momentu, gdy wykałaczka wbita w środek będzie czysta.
h) Przed podaniem muffinki należy lekko ostudzić. Ciesz się tymi pysznymi muffinami z toffi i jabłkami jako słodką przekąską na śniadanie!

8. Naleśniki na maślance toffi

SKŁADNIKI:
- 1 Mąkę o wszechstronnym przeznaczeniu
- 1 łyżka cukru granulowanego
- 1 łyżeczka proszku do pieczenia
- 1/2 łyżeczki sody oczyszczonej
- 1/4 łyżeczki soli
- 1 szklanka maślanki
- 1 duże jajko
- 2 łyżki roztopionego, niesolonego masła
- 1/2 szklanki kawałków toffi

INSTRUKCJE:
a) W dużej misce wymieszaj mąkę, cukier, proszek do pieczenia, sodę oczyszczoną i sól.
b) W osobnej misce wymieszaj maślankę, jajko i roztopione masło.
c) Wlać mokre składniki do suchych i wymieszać tylko do połączenia.
d) Włóż kawałki toffi.
e) Rozgrzej lekko natłuszczoną patelnię lub patelnię na średnim ogniu.
f) Wlać 1/4 szklanki ciasta na patelnię na każdy naleśnik.
g) Smaż, aż na powierzchni pojawią się bąbelki, następnie przewróć i smaż z drugiej strony na złoty kolor.
h) Podawać na ciepło z syropem klonowym i dodatkowymi kawałkami toffi posypanymi na wierzchu. Ciesz się tymi pysznymi naleśnikami toffi na śniadanie!

9.Płatki owsiane toffi i cynamonu

SKŁADNIKI:
- 1 szklanka płatków owsianych typu old fashioned
- 2 szklanki wody
- Szczypta soli
- 1/4 szklanki kawałków toffi
- 2 łyżki brązowego cukru
- 1/4 łyżeczki mielonego cynamonu
- 1/4 szklanki mleka

INSTRUKCJE:
a) W małym rondlu zagotuj wodę i sól.
b) Wymieszaj płatki owsiane i zmniejsz ogień do małego. Gotuj, mieszając od czasu do czasu, przez 5 minut.
c) Wymieszaj kawałki toffi, brązowy cukier i mielony cynamon.
d) Gotuj przez dodatkowe 2-3 minuty lub do momentu, gdy płatki owsiane osiągną pożądaną konsystencję.
e) Zdjąć z ognia i wymieszać z mlekiem.
f) Podawaj na gorąco i delektuj się pocieszającymi płatkami owsianymi toffi na pyszne śniadanie!

10. Tosty francuskie z toffi

SKŁADNIKI:
- 4 kromki grubego chleba (takiego jak brioche lub tost teksański)
- 2 duże jajka
- 1/2 szklanki mleka
- 1 łyżeczka ekstraktu waniliowego
- 1/4 łyżeczki mielonego cynamonu
- Szczypta soli
- Masło do gotowania
- 1/4 szklanki kawałków toffi
- Syrop klonowy do podania

INSTRUKCJE:
a) W płytkim naczyniu wymieszaj jajka, mleko, ekstrakt waniliowy, mielony cynamon i sól.
b) Zanurz każdą kromkę chleba w mieszance jajecznej, upewniając się, że jest dobrze pokryta z obu stron.
c) Rozgrzej patelnię lub patelnię na średnim ogniu i rozpuść kawałek masła.
d) Połóż zanurzone kromki chleba na patelni i smaż z obu stron na złoty kolor, około 2-3 minuty na stronę.
e) Usmażone tosty francuskie przełóż na talerze.
f) Posyp każdy plasterek kawałkami toffi i skrop syropem klonowym.
g) Podawaj na ciepło i delektuj się dekadenckimi tostami francuskimi toffi na śniadanie!

11. Parfait jogurtowo-toffi

SKŁADNIKI:
- 1 szklanka jogurtu greckiego
- 1/4 szklanki kawałków toffi
- 1/4 szklanki granoli
- 1/4 szklanki pokrojonych w plasterki świeżych owoców (takich jak banany, truskawki lub brzoskwinie)
- Odrobina miodu (opcjonalnie)

INSTRUKCJE:
a) W szklance lub misce ułóż jogurt grecki, kawałki toffi, granolę i pokrojone świeże owoce.
b) Powtarzaj warstwy, aż do wypełnienia szklanki lub miski.
c) W razie potrzeby skrop miodem.
d) Podawaj natychmiast i delektuj się tym prostym, ale satysfakcjonującym parfaitem z jogurtu toffi na śniadanie!

12. Naleśniki Toffi Bananowe

SKŁADNIKI:
- 1 Mąkę o wszechstronnym przeznaczeniu
- 1 łyżka cukru granulowanego
- 1 łyżeczka proszku do pieczenia
- 1/2 łyżeczki sody oczyszczonej
- 1/4 łyżeczki soli
- 1 szklanka maślanki
- 1 duże jajko
- 2 łyżki roztopionego, niesolonego masła
- 1 dojrzały banan, rozgnieciony
- 1/4 szklanki kawałków toffi

INSTRUKCJE:

a) W dużej misce wymieszaj mąkę, cukier, proszek do pieczenia, sodę oczyszczoną i sól.

b) W drugiej misce wymieszaj maślankę, jajko i roztopione masło, aż dobrze się połączą.

c) Wlać mokre składniki do suchych i wymieszać tylko do połączenia.

d) Dodaj rozgnieciony banan i kawałki toffi.

e) Rozgrzej patelnię lub patelnię na średnim ogniu i lekko posmaruj masłem lub sprayem kuchennym.

f) Wlać 1/4 szklanki ciasta na patelnię na każdy naleśnik.

g) Smaż, aż na powierzchni pojawią się bąbelki, następnie przewróć i smaż z drugiej strony na złoty kolor.

h) Podawać na ciepło z syropem klonowym i dodatkowymi kawałkami toffi posypanymi na wierzchu. Ciesz się tymi aromatycznymi naleśnikami toffi i bananami na śniadanie!

13. Quesadillas śniadaniowe z toffi

SKŁADNIKI:
- 4 duże tortille pszenne
- 1 szklanka startego sera cheddar
- 1/2 szklanki kawałków toffi
- Masło do gotowania
- Syrop klonowy do maczania

INSTRUKCJE:

a) Posyp równomiernie startym serem cheddar i kawałkami toffi na połowie każdej tortilli.

b) Złóż tortille na pół tak, aby przykryć nadzienie.

c) Rozgrzej patelnię lub patelnię na średnim ogniu i rozpuść kawałek masła.

d) Połóż nadziewane tortille na patelni i smaż z obu stron na złoty kolor i chrupkość, przewracając je w połowie.

e) Zdejmij z ognia i odczekaj minutę, a następnie pokrój w kliny.

f) Podawać na ciepło z syropem klonowym do maczania. Delektuj się wyjątkowymi i smacznymi quesadillami śniadaniowymi z toffi, które stanowią zabawną odmianę śniadania!

14. Muffinki na maślance toffi

SKŁADNIKI:
- 1 1/2 szklanki mąki uniwersalnej
- 1/2 szklanki granulowanego cukru
- 1 łyżeczka proszku do pieczenia
- 1/2 łyżeczki sody oczyszczonej
- 1/4 łyżeczki soli
- 1 szklanka maślanki
- 1/4 szklanki niesolonego masła, roztopionego
- 1 duże jajko
- 1 łyżeczka ekstraktu waniliowego
- 1/2 szklanki kawałków toffi

INSTRUKCJE:
a) Rozgrzej piekarnik do 190°C i wyłóż formę do muffinów papierowymi papilotkami.
b) W dużej misce wymieszaj mąkę, cukier, proszek do pieczenia, sodę oczyszczoną i sól.
c) W drugiej misce wymieszaj maślankę, roztopione masło, jajko i ekstrakt waniliowy, aż dobrze się połączą.
d) Wlać mokre składniki do suchych i wymieszać tylko do połączenia.
e) Włóż kawałki toffi.
f) Rozłóż ciasto równomiernie pomiędzy papilotkami na muffinki.
g) Piec przez 18-20 minut lub do momentu, gdy wykałaczka wbita w środek będzie czysta.
h) Przed podaniem muffinki należy lekko ostudzić. Ciesz się wilgotnymi i aromatycznymi muffinkami śniadaniowymi z toffi do porannej kawy lub herbaty!

15. Płatki owsiane toffi-karmel

SKŁADNIKI:
- 1 szklanka płatków owsianych
- 1 3/4 szklanki mleka (lub wody, jeśli jest lżejsza)
- Szczypta soli
- 2 łyżki kawałków toffi
- 2 łyżki sosu karmelowego
- Opcjonalne dodatki: pokrojone banany, siekane orzechy, dodatkowy sos karmelowy

INSTRUKCJE:
a) W rondlu zagotuj mleko (lub wodę) i sól.
b) Wymieszać z płatkami owsianymi i zmniejszyć ogień do wrzenia.
c) Ugotuj płatki owsiane zgodnie z instrukcją na opakowaniu, aż będą kremowe i delikatne.
d) Po ugotowaniu dodaj kawałki toffi i sos karmelowy, aż składniki dobrze się połączą.
e) Podawać na gorąco, posypane plasterkami bananów, posiekanymi orzechami i ewentualnie skropioną dodatkowym sosem karmelowym.

Ciesz się tą pyszną płatkami owsianymi z karmelem toffi na pocieszające śniadanie!

16. Toffi Migdałowa Granola

SKŁADNIKI:
- 3 szklanki tradycyjnych płatków owsianych
- 1 szklanka pokrojonych migdałów
- 1/4 szklanki kawałków toffi
- 1/4 szklanki miodu
- 2 łyżki roztopionego oleju kokosowego
- 1 łyżeczka ekstraktu waniliowego
- Szczypta soli

INSTRUKCJE:

a) Rozgrzej piekarnik do 160°C i wyłóż blachę do pieczenia papierem pergaminowym.

b) W dużej misce wymieszaj płatki owsiane, pokrojone migdały i kawałki toffi.

c) W małej misce wymieszaj miód, roztopiony olej kokosowy, ekstrakt waniliowy i sól.

d) Wlać mokre składniki na suche i wymieszać, aż pokryją się równomiernie.

e) Rozłóż mieszaninę równomiernie na przygotowanej blasze do pieczenia.

f) Piecz przez 25-30 minut, mieszając w połowie, aż uzyskasz złoty kolor i chrupkość.

g) Poczekaj, aż granola całkowicie ostygnie na blasze do pieczenia, a następnie pokrój ją na kawałki.

h) Przechowuj w szczelnym pojemniku i ciesz się chrupiącą i aromatyczną granolą migdałowo-toffi z jogurtem lub mlekiem na śniadanie!

17. Babeczki Toffi Bananowe Chlebowe

SKŁADNIKI:
- 1 1/2 szklanki mąki uniwersalnej
- 1 łyżeczka proszku do pieczenia
- 1/2 łyżeczki sody oczyszczonej
- 1/4 łyżeczki soli
- 3 dojrzałe banany, rozgniecione
- 1/2 szklanki granulowanego cukru
- 1/4 szklanki niesolonego masła, roztopionego
- 1 duże jajko
- 1 łyżeczka ekstraktu waniliowego
- 1/4 szklanki kawałków toffi

INSTRUKCJE:
a) Rozgrzej piekarnik do 175°C i wyłóż formę do muffinów papierowymi papilotkami.
b) W dużej misce wymieszaj mąkę, proszek do pieczenia, sodę oczyszczoną i sól.
c) W drugiej misce wymieszaj puree bananowe, cukier, roztopione masło, jajko i ekstrakt waniliowy, aż dobrze się połączą.
d) Wlać mokre składniki do suchych i wymieszać tylko do połączenia.
e) Włóż kawałki toffi.
f) Rozłóż ciasto równomiernie pomiędzy papilotkami na muffinki.
g) Piec przez 18-20 minut lub do momentu, gdy wykałaczka wbita w środek będzie czysta.
h) Przed podaniem muffinki należy lekko ostudzić. Ciesz się tymi wspaniałymi babeczkami toffi i bananami jako smaczne śniadanie lub przekąskę!

18. Szewc śniadaniowy z toffi i jabłkami

SKŁADNIKI:
- 4 szklanki pokrojonych w plasterki jabłek (takich jak Granny Smith lub Honeycrisp)
- 1 łyżka soku z cytryny
- 1/4 szklanki granulowanego cukru
- 1/2 łyżeczki mielonego cynamonu
- 1 Mąkę o wszechstronnym przeznaczeniu
- 1/2 szklanki granulowanego cukru
- 1 łyżeczka proszku do pieczenia
- 1/4 łyżeczki soli
- 1/2 szklanki niesolonego masła, roztopionego
- 1/4 szklanki kawałków toffi

INSTRUKCJE:
a) Rozgrzej piekarnik do 190°C i natłuść naczynie do pieczenia.
b) W dużej misce wymieszaj pokrojone jabłka z sokiem z cytryny, cukrem pudrem i mielonym cynamonem, aż będą dobrze pokryte.
c) Rozłóż równomiernie masę jabłkową w przygotowanym naczyniu do pieczenia.
d) W drugiej misce wymieszaj mąkę, cukier granulowany, proszek do pieczenia i sól.
e) Mieszaj roztopione masło, aż mieszanina będzie przypominać grube okruchy.
f) Włóż kawałki toffi.
g) Posyp równomiernie kruszonką jabłka w naczyniu do pieczenia.
h) Piec przez 30-35 minut lub do momentu, aż polewa będzie złotobrązowa, a jabłka miękkie.
i) Podawać na ciepło, opcjonalnie z gałką lodów waniliowych lub kleksem bitej śmietany. Delektuj się tym pysznym śniadaniowym szewcem z toffi i jabłkami, aby zapewnić sobie przytulny poranny poczęstunek!

PRZEKĄSKI I SŁODYCZE

19. Chrupiący krakers czekoladowo-toffi

SKŁADNIKI:
- 1,5 rękawa solonych krakersów lub 6-8
- arkusze macy (wystarczające do wypełnienia blachy do pieczenia o wymiarach 11x17)
- 1 kostka (8 łyżek stołowych) masła
- 1 szklanka ciemnego brązowego cukru
- 2 szklanki kawałków gorzkiej czekolady
- 1 łyżeczka soli morskiej i więcej do posypania

INSTRUKCJE:
a) Rozgrzej piekarnik do 350°F. Umieść słoniny w wyłożonej papierem blasze, starając się dopasować je tak ciasno, jak to możliwe. Przełam sól, aby dopasować ją do krawędzi lub wypełnić dziury. Odłóż połamane kawałki na później.
b) W małym rondlu rozpuść masło z cukrem na średnim ogniu, mieszając od czasu do czasu, aby karmel się nie przypalił. Podgrzej karmel do wrzenia i gotuj przez 2 minuty. Dodaj sól, a następnie polej krakersy, rozprowadzając je żaroodporną szpatułką, aby zakryć brakujące miejsca (toffi bardzo szybko gęstnieje, więc pamiętaj, aby zrobić to szybko).
c) Piec krakersy toffi przez 10 minut, aż toffi zacznie bulgotać. Wyjmij z piekarnika i studź przez 1 minutę.
d) Gorące toffi posyp kawałkami czekolady. Pozostawiamy na kilka minut, aż zaczną się topić. Rozłóż czekoladę na toffi równą warstwą. Pozostałą sól pokruszyć na drobne okruchy (lub pokruszyć 5-7 solonych kawałków na okruchy) i posypać gorącą czekoladą. Czekoladę można także posypać odrobiną soli morskiej.
e) Schłodzić krakersy, aż czekolada stwardnieje.
f) Połamać na kawałki i przechowywać w szczelnym pojemniku do tygodnia.

20. Batony z orzechami karmelowymi

SKŁADNIKI:
- 1 opakowanie mieszanki na ciasto czekoladowe
- 3 łyżki masło zmiękczone
- 1 jajko
- 14 uncji słodzonego skondensowanego mleka
- 1 jajko
- 1 łyżeczka czystego ekstraktu waniliowego
- 1/2 szklanki drobno zmielonych orzechów włoskich
- 1/2 szklanki drobno zmielonych kawałków toffi

INSTRUKCJE:
a) Rozgrzej piekarnik do 350.
b) Przygotuj prostokątną formę do ciasta za pomocą sprayu do gotowania, a następnie odłóż na bok.
c) W misce wymieszaj masę ciasta, masło i jedno jajko, a następnie mieszaj, aż powstanie kruszonka.
d) Wyciśnij mieszaninę na dno przygotowanej formy i odłóż na bok.
e) W drugiej misce wymieszaj mleko, pozostałe jajko, ekstrakt, orzechy włoskie i kawałki toffi.
f) Dobrze wymieszaj i wylej na bazę na patelni.
g) Piec 35 minut.

21.Skarby z nerkowca toffi

SKŁADNIKI:
- 1 szklanka masła, miękkiego
- 1 szklanka cukru
- 1 szklanka zapakowanego brązowego cukru
- 2 jajka
- 1 łyżeczka ekstraktu waniliowego
- 2 filiżanki mąki uniwersalnej
- 2 szklanki tradycyjnych płatków owsianych
- 1 łyżeczka sody oczyszczonej
- 1/2 łyżeczki proszku do pieczenia
- 1/2 łyżeczki soli
- 1 szklanka słodzonych wiórków kokosowych
- 1 szklanka kawałków angielskiego toffi z mlecznej czekolady lub kawałków toffi z cegły
- 1 szklanka posiekanych orzechów nerkowca, uprażonych

INSTRUKCJE:
a) Cukier i masło utrzeć w dużej misce na puszystą i jasną masę. Wbijać jajka, jedno po drugim, dokładnie ubijając po każdym dodaniu. Ubij wanilię.

b) Wymieszaj sól, proszek do pieczenia, sodę oczyszczoną, płatki owsiane i mąkę; powoli dodawaj do ubitej masy i dobrze wymieszaj. Wymieszaj pozostałe składniki.

c) Na nienatłuszczoną blachę do pieczenia nakładać zaokrąglonymi łyżkami stołowymi w odstępach 3 cali. Piec w temperaturze 350 ° do lekkiego zrumienienia, 12 do 14 minut.

d) Pozostawić do ostygnięcia na 2 minuty przed wyjęciem na kratkę.

22. Batony zbożowe toffi

SKŁADNIKI:
- 2 szklanki płatków owsianych
- 1 szklanka chrupiących płatków ryżowych
- 1/2 szklanki kawałków toffi
- 1/2 szklanki posiekanych orzechów (takich jak migdały lub orzechy pekan)
- 1/2 szklanki miodu
- 1/2 szklanki kremowego masła orzechowego
- 1 łyżeczka ekstraktu waniliowego

INSTRUKCJE:
a) Rozgrzej piekarnik do 175°C i wyłóż naczynie do pieczenia papierem pergaminowym.
b) W dużej misce wymieszaj płatki owsiane, chrupiące płatki ryżowe, kawałki toffi i posiekane orzechy.
c) W małym rondlu podgrzej miód i masło orzechowe na średnim ogniu, aż się rozpuszczą i dobrze połączą.
d) Zdjąć z ognia i wymieszać z ekstraktem waniliowym.
e) Wlać mieszaninę miodu i masła orzechowego na suche składniki i mieszać, aż pokryje się równomiernie.
f) Całość mocno dociśnij do przygotowanej formy do pieczenia.
g) Piec przez 15-20 minut lub do złotego koloru.
h) Odczekać do całkowitego ostygnięcia przed pokrojeniem na batony. Ciesz się chrupiącymi i satysfakcjonującymi batonami śniadaniowymi Toffee, gdziekolwiek jesteś!

23. Toblerone toffi

SKŁADNIKI:
- 1 szklanka masła
- 1 szklanka brązowego cukru
- 1 jajko
- 1 łyżka wanilii
- 2 szklanki mąki
- ½ łyżeczki soli
- 6 batoników Toblerone
- Orzechy

INSTRUKCJE:

a) Masło kremowe; Dodaj cukier; śmietanę, aż będzie jasna i puszysta.
b) Dodać jajko i wanilię, mąkę i sól. Dobrze wymieszaj. Rozłóż na natłuszczonej i oprószonej mąką formie o wymiarach 10 x 15 cali.
c) Piec w temperaturze 350 stopni przez 10 minut.
d) Wyjmij z piekarnika i połóż na wierzchu batoniki toblerone.
e) Wróć do piekarnika, gdy batony się roztopią, rozsmaruj.
f) Posypać orzechami i pokroić w słupki.

24. Popcorn z migdałami i toffi

SKŁADNIKI:
- 1 szklanka cukru
- ½ szklanki masła
- ½ szklanki syropu z białej kukurydzy
- ¼ szklanki wody
- 1 szklanka migdałów; posiekane i opiekane
- ½ łyżeczki wanilii
- ½ szklanki popcornu

INSTRUKCJE:

a) W ciężkim rondlu wymieszaj cukier, masło, syrop kukurydziany, wodę i migdały.

b) Gotuj na umiarkowanym ogniu do 280°C na termometrze cukierniczym.

c) Dodaj wanilię. Dobrze wymieszaj i polej prażoną kukurydzą.

25. Batony toffi Hershey's

SKŁADNIKI:
- 1 szklanka masła
- 1 szklanka brązowego cukru
- 1 jajko
- 1 łyżka wanilii
- 2 szklanki mąki
- ½ łyżeczki soli
- 6 taktów Hershey's
- Orzechy

INSTRUKCJE:
a) Masło kremowe; Dodaj cukier; śmietanę, aż będzie jasna i puszysta.
b) Dodać jajko i wanilię, mąkę i sól. Dobrze wymieszaj. Rozłóż na natłuszczonej i oprószonej mąką formie o wymiarach 10 x 15 cali.
c) Piec w temperaturze 350 stopni przez 10 minut.
d) Wyjmij z piekarnika i połóż na wierzchu batony Hershey's.
e) Wstawić do piekarnika, gdy batoniki się stopią, rozsmarować.
f) Posypać orzechami. Pokroić w batoniki.

26. Ciasteczka Banoffee z polewą espresso

SKŁADNIKI:
CIASTECZKA:
- 1 szklanka płatków owsianych
- ¾ szklanki mąki migdałowej
- 1 łyżeczka zmielonego espresso w proszku
- ½ łyżeczki mielonego cynamonu
- ½ łyżeczki sody oczyszczonej
- ¼ łyżeczki soli koszernej
- 1 duże jajko
- ¼ szklanki oliwy z oliwek z pierwszego tłoczenia
- 2 łyżki cukru turbinado
- 2 banany (1 zmiksowany, 1 pokrojony w plasterki)

LUK ESPRESSO Z MASŁEM MIGDAŁOWYM:
- 2 łyżki gładkiego masła migdałowego
- 2 łyżki gorącego espresso lub mocnej gorącej kawy
- 2 łyżki cukru turbinado

INSTRUKCJE:
CIASTECZKA:
a) Rozgrzej piekarnik do 350°F. Dużą blachę do pieczenia wyłóż papierem pergaminowym.
b) W dużej misce wymieszaj płatki owsiane, mąkę migdałową, espresso w proszku, cynamon, sodę oczyszczoną i sól.
c) W mniejszej misce lekko ubij jajko. Do jajka dodać olej, cukier, 1 rozgnieciony banan, masło migdałowe i ekstrakt waniliowy, ubijać, aż składniki się dobrze połączą.
d) Płynne składniki wlewamy do suchych i mieszamy tylko do połączenia się składników. Dodać 1 pokrojony banan, orzechy włoskie (opcjonalnie) i rodzynki (opcjonalnie).
e) Nakładaj ciasto czubatymi łyżkami na przygotowaną blachę do pieczenia, tak aby powstało osiem dużych ciasteczek. Odłóż ciasteczka w odległości 2 cali od siebie i palcami uformuj z nich okrągłe ciasteczka.
f) Piecz ciasteczka przez 13 do 15 minut, aż będą złocistobrązowe. Pozostaw ciasteczka na blasze do pieczenia na 5 minut, a następnie przenieś je na metalową kratkę, aby całkowicie ostygły.

LUK ESPRESSO Z MASŁEM MIGDAŁOWYM:

g) W małej misce wymieszaj masło migdałowe, gorące espresso lub kawę i cukier, ubijając na gładką masę.
h) Przenieś mieszaninę do plastikowego worka na kanapki i odetnij małą końcówkę z jednego z rogów, aby utworzyć rękaw do wyciskania.
i) Polewą polej ciasteczka.
j) Ciasteczka można przechowywać w szczelnym pojemniku przez 1 dzień lub w lodówce do 3 dni.

27. Ukąszenia ciasta Banoffee

SKŁADNIKI:
SKORUPA:
- 1 szklanka okruchów krakersów graham (około 8 pełnych arkuszy)
- 4 łyżki roztopionego masła

POŻYWNY:
- 16 daktyli Medjool, bez pestek
- ½ łyżeczki soli
- 1 łyżeczka ekstraktu waniliowego
- ¾ szklanki mleka (w razie potrzeby można dodać jeszcze ¼ szklanki)

BYCZY:
- 2 średnie banany, pokrojone w plasterki
- 1 szklanka bitej śmietany (im grubsza, tym lepsza)
- ½ szklanki wiórków czekoladowych (opcjonalnie)

INSTRUKCJE:
SKORUPA:
a) Rozgrzej piekarnik do 350°F.
b) W robocie kuchennym dodaj krakersy graham i pulsuj, aż uformują się drobne okruszki, a wszystkie kawałki zostaną pokruszone. Dodaj roztopione masło i pulsuj, aż się połączą.
c) Do każdej mini muffinkowej foremki włóż 1 łyżkę mieszanki. Dociśnij mocno spód i boki, aż utworzy się skórka. Piec przez 6 do 8 minut lub do momentu, aż ciasto się zetnie.

POŻYWNY:
d) Dodaj wszystkie składniki do robota kuchennego i miksuj, aż mieszanina będzie gładka i nie będzie widać kawałków daktyli. Dodaj więcej mleka, 1-2 łyżki na raz, jeśli mieszanina jest zbyt gęsta.
e) Włóż 1-2 łyżki mieszanki karmelowej do każdego kubka krakersów graham. Na karmelu połóż plasterek banana.

BYCZY:
f) Wyciśnij bitą śmietanę na wierzch każdej filiżanki Banoffee. Posypać wiórkami czekolady i dodać ½ plasterka banana pionowo do bitej śmietany jako dekorację.
g) Jeśli nie podajesz od razu, poczekaj z dodaniem ostatniego plasterka banana, aż będzie gotowy do podania, aby zapobiec brązowieniu.

28. Stos Choc Banoffee Filo

SKŁADNIKI:
- 45 g (¼ szklanki) orzechów laskowych, drobno posiekanych, plus dodatkowa ilość do podania
- 2 łyżeczki cukru kokosowego lub brązowego
- ½ łyżeczki mielonego cynamonu
- 8 arkuszy ciasta filo
- 375 g gładkiej ricotty w tubce
- 2 opakowania po 150 g wanilii Frûche
- 2 łyżeczki ekstraktu waniliowego
- 1 cytryna, skórka drobno starta
- 2 łyżeczki kakao w proszku
- 3 duże banany, pokrojone w cienkie plasterki
- Stalówki kakaowe do posypania
- Syrop kokosowy do podania

INSTRUKCJE:

a) Rozgrzej piekarnik do 190C/170C z termoobiegiem. W misce połącz orzechy, cukier i cynamon. Wyłóż 3 blachy do pieczenia papierem do pieczenia.

b) Połóż arkusz ciasta filo na blacie i spryskaj olejem. Posyp odrobiną mieszanki orzechów. Połóż kolejny arkusz filo na wierzchu. Kontynuuj nakładanie warstw oleju, mieszanki orzechów i filo, aż uzyskasz 4 warstwy. Powtórz tę czynność z pozostałą mieszanką filo, oleju i orzechów, aby utworzyć kolejny stos składający się z 4 warstw. Każdy stos pokroić na 12 kwadratów i ułożyć na przygotowanych blachach. Piec przez 10 minut lub do złotego koloru. Pozwól ostygnąć.

c) Połącz w misce ricottę, Frûche, wanilię i skórkę z cytryny. Rozdzielić mieszaninę pomiędzy 2 miski. Do 1 miski dodać kakao i wymieszać do połączenia. Mieszanki lekko wymieszać. Najlepsze 4 kwadraty z odrobiną mieszanki ricotty, bananem, kawałkami kakao i dodatkowymi orzechami. Ułóż ułożone kwadraty jeden na drugim. Powtórz tę czynność z pozostałymi składnikami, aby w sumie utworzyć 6 stosów.

d) Skropić syropem kokosowym. Natychmiast podawaj.

29.Tartaletki Banoffee

SKŁADNIKI:
CIASTO TARLETOWE:
- 56 g (¼ szklanki) niesolonego masła w temperaturze pokojowej
- 50 g (¼ szklanki) cukru kryształu
- 1 duże żółtko, w temperaturze pokojowej
- 94 g (¾ szklanki) mąki uniwersalnej
- ¼ łyżeczki soli

SOS KARMELOWY:
- 1 szklanka (200 g) cukru kryształu
- ½ szklanki (113 g) niesolonego masła, pokrojonego w kostkę
- ½ łyżeczki soli
- 1 ½ łyżeczki czystego ekstraktu waniliowego
- 1 szklanka (240 ml) gęstej śmietanki o temperaturze pokojowej

MONTAŻ:
- 1 banan, pokrojony w plasterki
- 1 szklanka bitej śmietany
- Kilka loków lub wiórków czekoladowych

INSTRUKCJE:
CIASTO TARLETOWE:
a) W dużej misce utrzyj niesolone masło i granulowany cukier na kremową masę.
b) Dodaj żółtko i ubijaj, aż składniki się połączą.
c) W osobnej misce wymieszaj mąkę uniwersalną z solą.
d) Do mokrych składników dodać suche i wymieszać do uzyskania kruszonki.
e) Zagnieść ciasto na gładką masę, następnie schłodzić w lodówce co najmniej 30 minut lub przez całą noc.
f) Rozgrzej piekarnik do 177°C i natłuść trzy blachy do tartaletek.
g) Rozwałkuj ciasto i wyłóż nim foremki na tartaletki.
h) Upiecz tartaletki w ciemno na złoty kolor.
i) Przed wyjęciem muszli z patelni poczekaj, aż całkowicie ostygną.

SOS KARMELOWY:
j) W rondlu o grubym dnie rozpuść cukier na średnim ogniu.
k) Mieszaj ciągle, aż cały cukier się rozpuści.
l) Dodawaj po dwie kostki masła i energicznie mieszaj.

m) Dodać sól i wanilię, dokładnie wymieszać.
n) Stopniowo dodawać śmietanę, energicznie mieszając.
o) Karmel przełożyć do szklanego słoika i pozostawić do całkowitego ostygnięcia.

MONTAŻ:
p) Na spód tartaletek nałóż łyżkę sosu karmelowego.
q) Na wierzchu ułóż plasterki banana.
r) Dodać bitą śmietanę i wiórki czekoladowe.
s) Schłodzić przed podaniem.

30.Babeczki Banoffee

SKŁADNIKI:
NA babeczki:
- 1 ½ szklanki mąki uniwersalnej
- 1 ½ łyżeczki proszku do pieczenia
- ½ łyżeczki sody oczyszczonej
- ¼ łyżeczki soli
- ½ szklanki niesolonego masła, zmiękczonego
- ½ szklanki granulowanego cukru
- 2 dojrzałe banany, rozgniecione
- 2 duże jajka
- 1 łyżeczka ekstraktu waniliowego
- ½ szklanki pełnego mleka

NA SOS TOFFEE:
- ½ szklanki niesolonego masła
- 1 szklanka brązowego cukru
- ½ szklanki gęstej śmietanki
- ¼ łyżeczki soli
- 1 łyżeczka ekstraktu waniliowego

NA polewę:
- 2 dojrzałe banany, pokrojone w plasterki
- Bita śmietana
- Wiórki czekoladowe

INSTRUKCJE:
NA babeczki:
a) Rozgrzej piekarnik do 175°C i wyłóż formę do muffinów papilotkami.
b) W misce wymieszaj mąkę, proszek do pieczenia, sodę oczyszczoną i sól. Odłożyć na bok.
c) W drugiej misce utrzyj miękkie masło i granulowany cukier na jasną i puszystą masę.
d) Do mieszanki masła i cukru dodaj rozgniecione banany, jajka i ekstrakt waniliowy. Mieszaj, aż dobrze się połączą.
e) Stopniowo dodawaj suche składniki do masy bananowej, na zmianę z mlekiem. Rozpocznij i zakończ suchymi składnikami. Mieszaj aż do połączenia.

f) Rozłóż równomiernie ciasto pomiędzy papilotkami.
g) Piec w nagrzanym piekarniku przez około 18-20 minut lub do momentu, aż wykałaczka wbita w babeczkę będzie sucha.
h) Pozwól babeczkom ostygnąć na blasze przez kilka minut, a następnie przenieś je na metalową kratkę, aby całkowicie ostygły.

NA SOS TOFFEE:
i) W rondlu rozpuść masło na średnim ogniu.
j) Dodajemy brązowy cukier i gotujemy, ciągle mieszając, aż cukier się rozpuści.
k) Wlać gęstą śmietanę i dobrze wymieszać.
l) Pozwól mieszaninie lekko się zagotować, a następnie zdejmij ją z ognia.
m) Wymieszaj sól i ekstrakt waniliowy. Niech sos toffi ostygnie.
n) Montaż:
o) Gdy babeczki i sos toffi ostygną, nałóż dużą ilość sosu toffi na wierzch każdej babeczki.
p) Na sosie toffi ułóż plasterki banana.
q) Na koniec udekoruj bitą śmietaną i posyp wiórkami czekoladowymi.

31. Mrożone przysmaki Banoffee

SKŁADNIKI:
- 1 duży banan
- ¼ szklanki kawałków czekolady toffi
- 1 szklanka chipsów karmelowych
- 1 łyżeczka organicznego oleju kokosowego

INSTRUKCJE:

a) Obierz banana i przekrój go na pół.

b) Włóż patyczki do lizaków tak, aby sięgały do ¾ wysokości.

c) Zamrozić na blaszce wyłożonej papierem woskowanym, aż masa się zestali.

d) Przygotuj mały talerz z ¼ szklanki kawałków toffi w czekoladzie, rozłożonych i gotowych do użycia.

e) Załóż podwójny bojler z gotującą się wodą. Postaw na nim metalową miskę do miksowania i powoli rozpuść 1 szklankę chipsów karmelowych. Gdy zaczną się topić, dodajemy 1 łyżeczkę oleju kokosowego i mieszamy, aż konsystencja będzie gładka. Zdjąć z ognia.

f) Połóż łyżką mieszaninę karmelu na zamrożonym bananie (dodawaj po ¼-½ banana na raz, gdy szybko zastyga) i zanurz w kawałkach toffi. Powtarzaj, aż banan będzie pokryty.

g) Ponownie ułóż na blaszce wyłożonej papierem woskowanym i zamrażaj przez 10 minut. Jeśli zostaną podane od razu, są gotowe do spożycia. Jeśli podajesz później, zawiń każdy kawałek w folię i włóż do torebki przeznaczonej do zamrażania.

32. Dip Banoffee z krakersami Graham

SKŁADNIKI:

- 1 szklanka dojrzałych bananów, rozgniecionych
- 1 szklanka serka śmietankowego, zmiękczonego
- ½ szklanki kawałków toffi
- ¼ szklanki posiekanych orzechów włoskich
- Krakersy Graham do maczania

INSTRUKCJE:

a) W misce wymieszaj puree bananowe i miękki ser śmietankowy, aż uzyskasz gładką masę.
b) Dodać kawałki toffi i posiekane orzechy włoskie.
c) Podawaj dip Banoffee z krakersami graham jako pyszną słodką przekąskę.

33. Banoffee Energy Bits

SKŁADNIKI:

- 1 szklanka płatków owsianych
- ½ szklanki dojrzałego banana, rozgniecionego
- ¼ szklanki masła migdałowego
- ¼ szklanki kawałków toffi
- 1 łyżka miodu
- wiórki kokosowe do obtoczenia (opcjonalnie)

INSTRUKCJE:

a) W misce wymieszaj płatki owsiane, puree bananowe, masło migdałowe, kawałki toffi i miód.

b) Zwiń mieszaninę w kulki wielkości kęsa. Opcjonalnie obtocz każdą kulkę w wiórkach kokosowych.

c) Przed podaniem przechowywać w lodówce przez co najmniej 30 minut.

34. Mieszanka popcornu Banoffee

SKŁADNIKI:
- 6 szklanek prażonego popcornu
- ½ szklanki kawałków toffi
- ½ szklanki suszonych chipsów bananowych
- ¼ szklanki roztopionej czekolady (mlecznej lub gorzkiej)
- ¼ szklanki posiekanych orzeszków ziemnych

INSTRUKCJE:

a) W dużej misce wymieszaj prażony popcorn, kawałki toffi, suszone chipsy bananowe i posiekane orzeszki ziemne.

b) Całość polewamy roztopioną czekoladą i mieszamy, aż całość pokryje się równomiernie.

c) Rozłóż mieszaninę na blasze do pieczenia, aby czekolada zastygła. Podziel się na klastry i ciesz się!

35.Banoffee Bruschetta gryzie

SKŁADNIKI:
- Plasterki bagietki, opiekane
- Ser mascarpone
- Dojrzały banan, pokrojony w cienkie plasterki
- Sos toffi do polania
- Świeże liście mięty do dekoracji

INSTRUKCJE:

a) Na każdym kawałku podpieczonej bagietki rozsmaruj warstwę mascarpone.

b) Na wierzchu ułóż pokrojone w cienkie plasterki banany.

c) Skropić sosem toffi i udekorować listkami świeżej mięty. Podawaj jako pyszne bruschetty Banoffee.

36. Batony Banoffee Granola

SKŁADNIKI:

- 2 szklanki płatków owsianych
- 1 szklanka rozgniecionych dojrzałych bananów
- ½ szklanki masła migdałowego
- ¼ szklanki miodu
- ¼ szklanki kawałków toffi
- ¼ szklanki posiekanych suszonych bananów

INSTRUKCJE:

a) W misce wymieszaj płatki owsiane, puree bananowe, masło migdałowe, miód, kawałki toffi i posiekane suszone banany.
b) Wciśnij mieszaninę do wyłożonej papierem formy do pieczenia i przechowuj w lodówce, aż będzie twarda.
c) Pokrój w batoniki i ciesz się granolą o smaku Banoffee.

37.Banoffee S'mores ukąszenia

SKŁADNIKI:

- Krakersy Graham, podzielone na kwadraty
- Dojrzałe plasterki banana
- Pianki marshmallow, tostowe
- Kwadraty z mlecznej czekolady
- Sos toffi do polania

INSTRUKCJE:

a) Połóż plasterek banana na kwadracie krakersów graham.

b) Podgrzej piankę marshmallow i połóż ją na bananie.

c) Dodaj kostkę mlecznej czekolady i polej sosem toffi. Na wierzch ułóż kolejny kwadrat krakersa graham.

38. Batony Sernikowe Banoffee

SKŁADNIKI:
DO SKORUPY:
- 1 ½ szklanki pokruszonych herbatników Digestive
- ½ szklanki roztopionego, niesolonego masła

NA NADZIENIE SERNIKA:
- 16 uncji serka śmietankowego, zmiękczonego
- ½ szklanki granulowanego cukru
- 2 dojrzałe banany, rozgniecione
- 2 duże jajka
- ¼ szklanki mąki uniwersalnej
- ¼ szklanki gęstej śmietanki
- 1 łyżeczka ekstraktu waniliowego

NA polewę:
- Sos toffi
- Pokrojone banany

INSTRUKCJE:

a) Rozgrzej piekarnik do 325°F (163°C). Natłuszczamy i wykładamy naczynie do pieczenia papierem pergaminowym.

b) W misce wymieszaj pokruszone ciastka Digestive i roztopione masło. Wciśnij dno przygotowanego naczynia tak, aby utworzyła się skórka.

c) W drugiej misce ubić serek śmietankowy z cukrem na gładką masę. Dodaj rozgniecione banany, jajka, mąkę, śmietankę i ekstrakt waniliowy. Mieszaj, aż dobrze się połączą.

d) Na spód wylać masę sernikową.

e) Piec około 40-45 minut lub do momentu, aż środek się zetnie.

f) Pozostawić do ostygnięcia, następnie wstawić do lodówki na kilka godzin.

g) Przed podaniem polej sosem toffi i ułóż pokrojone w plasterki banany.

39.Kora kowbojska CandiQuik

SKŁADNIKI:
- 1 opakowanie CandiQuik (lakier cukierkowy o smaku waniliowym)
- 1 szklanka mini precli
- 1 szklanka solonych krakersów, połamanych na kawałki
- ½ szklanki kawałków toffi
- ½ szklanki prażonych i solonych orzeszków ziemnych
- ¼ szklanki mini chipsów czekoladowych
- ¼ szklanki kawałków mlecznej czekolady
- Sól morska do posypania (opcjonalnie)

INSTRUKCJE:
a) Blachę do pieczenia wyłóż papierem pergaminowym.
b) CandiQuik połam na kawałki i umieść w żaroodpornej misce. Rozpuść CandiQuik zgodnie z instrukcją na opakowaniu. Zwykle polega to na podgrzewaniu go w kuchence mikrofalowej w 30-sekundowych odstępach, aż do całkowitego stopienia.
c) W dużej misce wymieszaj mini precle, solone krakersy, kawałki toffi, prażone orzeszki ziemne, mini chipsy czekoladowe i kawałki mlecznej czekolady.
d) Wlać roztopiony CandiQuik do suchych składników i mieszać, aż wszystko będzie dobrze pokryte.
e) Rozłóż mieszaninę równomiernie na przygotowanej blasze do pieczenia.
f) Opcjonalnie: Posyp wierzch odrobiną soli morskiej, aby uzyskać kontrast smaku słodko-słonego.
g) Pozwól, aby kora kowbojska ostygła i całkowicie stwardniała. Możesz przyspieszyć ten proces, wkładając go do lodówki.
h) Po całkowitym stwardnieniu połam kowbojską korę na kawałki wielkości kęsa.
i) Przechowuj korę kowbojską w szczelnym pojemniku w temperaturze pokojowej.

40. Toffi czekoladowe

SKŁADNIKI:
- 1 szklanka daktyli, bez pestek
- 1 szklanka oleju kokosowego
- 1/2 szklanki wody
- 1/2 szklanki kakao w proszku
- 1 łyżeczka proszku waniliowego
- 1 szczypta soli

INSTRUKCJE:

a) Daktyle zalać wodą i pozwolić im zmięknąć – użyj ciepłej wody, aby przyspieszyć ten proces.

b) Umieść wszystko razem w robocie kuchennym i rozdrabniaj za pomocą ostrza S, aż masa będzie gładka i wymieszana. Zajmuje to do 20 minut i jest tego warte.

c) Przelać do płytkiej miski i odstawić do lodówki.

d) Po około 3-4 godzinach pokroić w kwadraty.

e) Przechowuj je w hermetycznym pojemniku w lodówce.

41. Cynamonowe batony toffi

SKŁADNIKI:

- 1 szklanka niesolonego masła, zmiękczonego
- 1 szklanka sypkiego brązowego cukru
- 1 jajko
- 1 łyżeczka wanilii
- 2 łyżki mielonego cynamonu
- ½ łyżeczki soli
- 2 filiżanki mąki uniwersalnej
- 1 Białko ubite
- 6 łyżek masła, zimnego
- ¾ szklanki mąki uniwersalnej
- ¾ szklanki cukru
- Kolorowy cukier do dekoracji

INSTRUKCJE:

a) Rozgrzej piekarnik do 375 stopni. Nasmaruj patelnię do bułek z galaretką o wymiarach 15 na 10 cali. W misie miksującej utrzeć masło, cukier, jajko i wanilię. Wymieszać z cynamonem i solą.

b) Dodawaj mąkę, po trochu. Dobrze wymieszaj. Wciśnij papierem woskowym do formy o grubości ¼ cala.

c) Posmaruj ciasto roztrzepanym białkiem. Połącz składniki kruszonki w robocie kuchennym. Przetwarzaj, aż masło zostanie równomiernie wymieszane. Posyp ciasto kruszonką. Piec 20 minut. Studzimy na kratce 15 minut. Jeszcze ciepłe pokroić w batoniki o wymiarach 2 na 1½ cala.

42. Toffee z angielskiego pubu

SKŁADNIKI:

- 1 ½ szklanki masła, pokrojonego w kostkę
- 2 szklanki granulowanego cukru
- ¼ łyżeczki soli
- 2 łyżki piwa
- 2 szklanki kawałków ciemnej czekolady
- 2 szklanki precli, lekko pokruszonych

INSTRUKCJE:

a) Blachę do pieczenia wyłóż papierem pergaminowym lub Silpatem.

b) Dodaj cukier maślany, sól i piwo do garnka ustawionego na dużym ogniu. Mieszaj ciągle, aż masło się rozpuści.

c) Przymocuj termometr kuchenny do krawędzi i gotuj, aż cukier osiągnie temperaturę 300 F, od czasu do czasu mieszając.

d) Wylać na przygotowaną patelnię. Pozostawić do ostygnięcia na około 2 minuty, posypać kawałkami czekolady.

e) Gdy ciepłe toffi rozpuści kawałki czekolady, równomiernie rozprowadź czekoladę za pomocą przesuniętej szpatułki. Posypać boczkiem i preclami.

f) Ostudzić do temperatury pokojowej, następnie włożyć do lodówki i chłodzić przez 2 godziny.

g) Przed podaniem połamać na kawałki.

43. Kandyzowane kwadraty z boczkiem toffi

SKŁADNIKI:
- 8 plasterków boczku
- ¼ szklanki jasnobrązowego cukru, mocno zapakowanego
- 8 łyżek masła, miękkiego
- 2 łyżki niesolonego masła, zmiękczonego
- ⅓ szklanki ciemnobrązowego cukru, mocno opakowanego
- ⅓ szklanki cukru pudru
- 1 ½ szklanki mąki semoliny
- ½ łyżeczki soli
- ½ szklanki kawałków toffi
- 1 szklanka kawałków ciemnej czekolady
- ⅓ szklanki posiekanych migdałów

INSTRUKCJE:

a) Rozgrzej piekarnik do 180°C (350°F). W średniej misce wymieszaj boczek i jasnobrązowy cukier i ułóż w jednej warstwie na blasze do pieczenia.

b) Piec przez 20 do 25 minut lub do momentu, aż bekon będzie złocisty i chrupiący. Wyjmij z piekarnika i pozostaw do ostygnięcia na 15 do 20 minut. Pokrój na małe kawałki.

c) Zmniejsz temperaturę piekarnika do 340°F (171°C). Formę do pieczenia o wymiarach 23 x 33 cm wyłóż folią aluminiową, spryskaj nieprzywierającym sprayem kuchennym i odłóż na bok.

d) W dużej misce wymieszaj masło, niesolone masło, ciemnobrązowy cukier i cukier cukierniczy za pomocą miksera elektrycznego ustawionego na średnią prędkość, aż masa stanie się jasna i puszysta. Stopniowo dodawaj mąkę i sól, mieszając aż składniki się połączą. Dodaj ¼ szklanki kawałków toffi, aż zostaną równomiernie rozłożone.

e) Wciśnij ciasto do przygotowanej formy i piecz przez 25 minut lub do złotego koloru. Wyjmij z piekarnika, posyp kawałkami gorzkiej czekolady i pozostaw na 3 minuty lub do momentu, aż chipsy zmiękną.

f) Na wierzch równomiernie rozsmaruj miękką czekoladę, posyp migdałami, kandyzowanym boczkiem i pozostałą ¼ szklanki kawałków toffi. Pozostawić do ostygnięcia na 2 godziny lub do momentu, aż czekolada stwardnieje. Pokrój na 16 kwadratów o średnicy 5 cm.

g) Przechowywanie: Przechowywać w szczelnym pojemniku w lodówce do 1 tygodnia.

44. Pręty z preclami toffi

SKŁADNIKI:

- 12 prętów precli
- 1 szklanka kawałków mlecznej czekolady
- 1/2 szklanki kawałków toffi
- Różne posypki lub posiekane orzechy (opcjonalnie)

INSTRUKCJE:

a) Blachę do pieczenia wyłóż papierem pergaminowym.
b) W misce przystosowanej do kuchenki mikrofalowej roztapiaj kawałki mlecznej czekolady w 30-sekundowych odstępach, mieszając pomiędzy nimi, aż masa będzie gładka.
c) Zanurz każdy pręt precla w roztopionej czekoladzie, za pomocą łyżki, aby równomiernie ją pokryć.
d) Pozwól, aby nadmiar czekolady spłynął, a następnie połóż pokryty preclami pręt na przygotowanej blasze do pieczenia.
e) Natychmiast posyp kawałki toffi polewą czekoladową, delikatnie dociskając, aby przylegały.
f) W razie potrzeby posyp różnymi posypkami lub posiekanymi orzechami, aby dodać tekstury i smaku.
g) Włóż blachę do pieczenia do lodówki na około 15 minut, aby czekolada stwardniała.
h) Po zastygnięciu przechowuj precle toffi w szczelnym pojemniku w temperaturze pokojowej. Ciesz się tymi słodko-słonymi smakołykami jako pyszną przekąską!

DESER

45.Lepki budyń toffi z sosem rumowo-karmelowym

SKŁADNIKI:
CIASTO:
- 170 g masła
- 280 g cukru demerara
- 4 jajka
- 2 łyżeczki ekstraktu waniliowego
- 1 ½ łyżki melasy
- 350 g mąki samorosnącej
- 2 łyżeczki sody oczyszczonej
- 100 ml mleka

SOS KARMELOWY:
- 75 g masła
- 1 łyżka melasy
- 300 g cukru demerara
- 300 ml śmietanki podwójnej
- 2 łyżki rumu

INSTRUKCJE:
PRZYGOTOWANIE CIASTA:
a) Rozgrzej piekarnik do 180°C (350°F). Nasmaruj naczynie do pieczenia. Na natłuszczoną powierzchnię posypujemy niewielką ilością mąki. Przesiej mąkę po naczyniu, pokrywając wszystkie obszary.

b) W misce wymieszaj masło i cukier demerara, aż utworzy się kruszonka.

c) W drugiej misce ubij jajka i dodaj 2 łyżeczki ekstraktu waniliowego.

d) Powoli dodawaj masę jajeczną do masy maślano-cukrowej, dobrze wymieszaj.

e) Dodaj 1 ½ łyżki melasy, aż całkowicie połączy się z ciastem.

f) W płytkiej misce lub talerzu połącz samorosnącą mąkę i sodę oczyszczoną. Stopniowo dodawaj mąkę do ciasta i mieszaj.

g) Powoli dodawaj mleko i mieszaj, aż powstanie gładkie ciasto. Uwaga: NIE składaj zbyt mocno.

h) Ciasto wlać do przygotowanej formy do pieczenia, równomiernie je rozprowadzając.

i) Piec w nagrzanym piekarniku przez 35-65 minut lub do momentu, aż ciasto będzie złotobrązowe, a wykałaczka wbita w środek będzie czysta.

PRZYGOTOWANIE SOSU KARMELOWEGO:

j) W rondlu rozpuść masło na średnim ogniu.
k) Wymieszaj melasę i cukier demerara.
l) Gotuj, ciągle mieszając, aż cukier się rozpuści i masa będzie gładka.
m) Stopniowo wlewaj śmietankę, ciągle mieszając.
n) Gotuj mieszaninę przez 5-7 minut, od czasu do czasu mieszając, aż lekko zgęstnieje.
o) Zdejmij rondelek z ognia i dodaj rum.

PORCJA:

p) Pozostaw ciasto do ostygnięcia na 30 minut.
q) Podawać z dużą ilością sosu karmelowo-rumowego.
r) Opcjonalnie podawaj z truskawkami na wierzchu.

46. Wilgotne lepkie ciasto bananowe z toffi do góry nogami

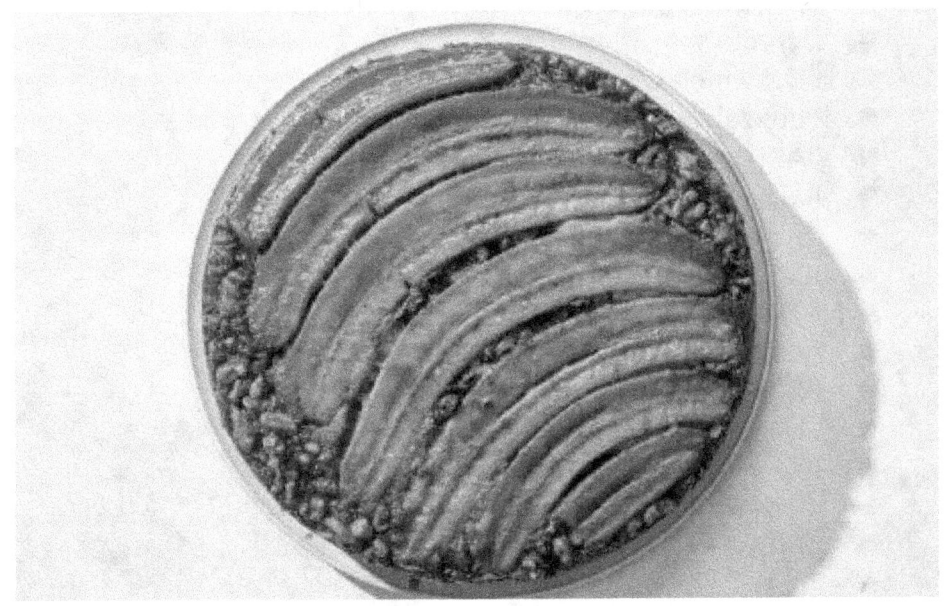

SKŁADNIKI:

NA polewę:
- 90 g masła
- 180 g brązowego cukru (cukier Demerara)
- Szczypta soli
- 1 łyżka melasy
- 2 dojrzałe banany, pokrojone w plasterki

NA CIASTO:
- 405 g mąki zwykłej
- 1 ½ łyżeczki sody oczyszczonej
- 300 g brązowego cukru
- ½ łyżeczki soli
- 2 dojrzałe banany, rozgniecione
- 1 ½ jajka (lekko ubite)
- 1 łyżeczka esencji waniliowej
- 90 g maślanki
- ⅓ szklanki roztopionego masła
- 1 żółtko
- ⅓ szklanki mleka

NA LEPKI SOS TOFFEE:
- 35 g masła
- 150 g brązowego cukru
- 150 ml gęstej śmietanki
- 1 łyżka sosu melasowego

INSTRUKCJE:

a) Rozgrzej piekarnik do 165°C.
b) Odpowiednio natłuść 9-calową okrągłą foremkę do ciasta. Odłożyć na bok.

PRZYGOTOWAĆ NADZIENIE:

c) W rondlu rozpuść masło na średnim ogniu.
d) Mieszaj brązowy cukier, aż cukier się rozpuści, a mieszanina będzie gładka.
e) Dodaj sól i melasę i mieszaj, aż sos zgęstnieje.
f) Do przygotowanej tortownicy wlać masę karmelową, równomiernie ją rozprowadzając.

g) Na karmelu ułóż pokrojone w plasterki banany. Odłożyć na bok.
PRZYGOTOWANIE CIASTA:
h) W dużej misce przesiej mąkę i sodę oczyszczoną.
i) Wymieszaj brązowy cukier i sól. Odłożyć na bok.
j) W innej misce lub dzbanku rozgnieć dojrzałe banany.
k) Wbij jajka do małej miski i dodaj ekstrakt waniliowy. Dobrze ubij.
l) Do rozgniecionych bananów dodać ubitą masę jajeczną, maślankę, roztopione masło i żółtko. Ubijaj, aż dobrze się połączą.
m) Do suchych składników dodać mokre. Delikatnie wymieszaj mieszaninę, aż będzie gładka.
n) Stopniowo wlewaj ⅓ szklanki mleka do mieszanki, aż powstanie gładkie ciasto.
o) Ciasto wylać na karmelizowaną polewę bananową w formie, równomiernie rozprowadzając szpatułką.
p) Piec w nagrzanym piekarniku przez 45 minut lub do momentu, aż wykałaczka wbita w środek ciasta będzie sucha.
PRZYGOTOWAĆ KLEPKI SOS TOFFEE:
q) W małym rondlu rozpuść masło na średnim ogniu.
r) Dodaj brązowy cukier i gotuj, ciągle mieszając, aż cukier się rozpuści i masa będzie gładka.
s) Powoli wlewaj gęstą śmietanę, ciągle mieszając, aż składniki dobrze się połączą. Dodaj sos melasowy, poczekaj, aż się zagotuje i zredukuj.
t) Po upieczeniu ciasto wyjmij z piekarnika i pozostaw do ostygnięcia w formie na 10 minut.
u) Ostrożnie przełóż ciasto na talerz, tak aby karmelizowana polewa bananowa znalazła się na spodzie ciasta.
v) Podawaj mokre ciasto bananowe do góry nogami, wilgotne, skropione przygotowanym lepkim sosem toffi.
w) Delektuj się nim z gałką lodów, aby uzyskać dodatkową rozkosz!

47.Kleisty budyń jabłkowy z przyprawionym toffi

SKŁADNIKI:
NA PRZYPRAWIONY BISZKOSZ JABŁKOWY:
- 3 szklanki (350 g) mąki uniwersalnej
- 1 ½ łyżeczki proszku do pieczenia
- ½ łyżeczki sody oczyszczonej
- ½ łyżeczki soli
- 1 łyżeczka cynamonu
- ¾ łyżeczki ziela angielskiego
- 1 3/8 szklanki (280 g) drobnego cukru Demerara
- ¾ szklanki (185 g) masła
- 3 jajka
- 2 łyżeczki esencji waniliowej
- ½ szklanki (118 ml) kwaśnej śmietany
- 1 ½ łyżki melasy
- ½ szklanki (118 ml) mleka
- 1 Jabłko, obrane, wydrążone i posiekane

NA SOS TOFFEE:
- 50 g masła
- 200 g cukru Demerara
- 250 ml Podwójna śmietanka
- 1 jabłko pokrojone w kostkę do dekoracji
- Zmiażdżone orzechy pekan

INSTRUKCJE:
PRZYGOTOWANIE BISZKOSU JABŁKOWEGO:
a) Rozgrzej piekarnik do 180°C. Formę do pieczenia Bundta nasmaruj masłem. Oprósz patelnię mąką, a następnie delikatnie postukaj w patelnię, aby równomiernie rozprowadzić mąkę po całej patelni. Odłożyć na bok.
b) W misce wymieszaj mąkę uniwersalną, proszek do pieczenia, sodę oczyszczoną, sól, cynamon i ziele angielskie. Odłożyć na bok.
c) W dużej misce ubić cukier Demerara z masłem na jasną i puszystą masę.
d) Wbij jajka do małej miski i dodaj esencję waniliową. Dobrze ubij.
e) Mieszaj śmietanę i melasę, aż dobrze się połączą.

f) Stopniowo wlewaj masę jajeczną do masy maślano-cukrowej. Uwaga: Mieszanka może się zsiadać, ale nie ma w tym nic złego; dodatek mąki pomoże to skorygować.

g) Wlać mieszaninę mąki, stopniowo dodając mleko. Mieszaj, aż ciasto będzie gładkie.

h) Dodaj posiekane jabłko, tak aby równomiernie rozłożyło się w cieście.

i) Ciasto wylać do przygotowanej formy i równomiernie rozprowadzić.

j) Piec w nagrzanym piekarniku przez 40-45 minut lub do momentu, aż wykałaczka wbita w środek będzie sucha.

PRZYGOTOWANIE SOSU TOFFEE:

k) W rondelku roztapiamy masło na małym ogniu. Dodać 200 g cukru Demerara i gotować, ciągle mieszając, aż cukier się rozpuści i masa będzie gładka. Wyłącz ogrzewanie.

l) Powoli wlewaj śmietankę, cały czas mieszając.

MONTAŻ:

m) Po upieczeniu ciasto wyjmujemy z piekarnika i pozostawiamy do ostygnięcia na kilka minut.

n) Na wierzch ciasta wylej ciepły sos toffi, tak aby równomiernie pokrył całą powierzchnię.

o) Do pozostałego sosu dodać kostki jabłek. Mieszaj i gotuj przez 3-4 minuty, aż będzie lekko miękki.

p) Posyp ciasto pokruszonymi orzechami pekan, a następnie posyp miękkimi jabłkami toffi.

q) Podawaj świąteczny budyń jabłkowy Sticky Toffee Spiced Apple na ciepło, z dodatkowym sosem toffi z boku.

48. Lody karmelowe i toffi

SKŁADNIKI:
- 1 ½ szklanki pełnego mleka
- 1 ½ łyżki skrobi kukurydzianej
- ½ szklanki wina Sweet Marsala
- 1 ¼ szklanki ciężkiej śmietanki
- 2 łyżki jasnego syropu kukurydzianego
- 4 łyżki serka mascarpone, miękkiego
- ¼ łyżeczki soli
- ⅔ szklanki granulowanego cukru
- ¾ szklanki kawałków toffi z mlecznej czekolady, np. chipsów Heath lub posiekanego batonika Heath

INSTRUKCJE:

a) Odmierz mleko. Weź 2 łyżki mleka i połącz je ze skrobią kukurydzianą, aż powstanie zawiesina, ciągle mieszając. Odłożyć na bok. Do mleka dodać wino Sweet Marsala.

b) Odmierz gęstą śmietanę i dodaj do niej syrop kukurydziany. Do dużej miski włóż serek mascarpone i dodaj sól. Odłożyć na bok.

c) Aby przygotować przypalony karmel, podgrzej duży rondelek na średnim ogniu i dodaj cukier, tak aby był w jednej warstwie i przykrywał całe dno garnka. Obserwuj cukier, aż zacznie się topić, a jego wierzch stanie się karmelowy i roztopi się.

d) Gdy na środku pozostanie niewielka ilość białego cukru, użyj żaroodpornej szpatułki i zeskrob stopiony cukier z boków do środka.

e) Kontynuuj tę czynność, aż cały cukier się rozpuści i dobrze wymieszaj. Obserwuj, jak cukier zaczyna bulgotać, a gdy brzegi zaczną bąbelkować i zacznie wydzielać dym, a cukier zmieni kolor na ciemnobursztynowy, zdejmij go z ognia. Jedynym sposobem, aby naprawdę ocenić, zanim się spali, jest ostrożne stanie nad wierzchołkiem i powąchanie/obserwowanie. Po zdjęciu z ognia dodaj kilka łyżek mieszanki śmietany/syropu kukurydzianego i ciągle mieszaj, aż składniki się połączą. Powoli, bardzo powoli, bardzo powoli dodawaj pozostałą śmietanę, cały czas ubijając.

f) Postaw rondelek ponownie na średnim ogniu i dodaj mieszankę mleka i wina Marsala. Doprowadzić mieszaninę do wrzenia.

g) Gotuj przez 4 minuty. Zdejmij z ognia i dodaj zawiesinę skrobi kukurydzianej, mieszając do połączenia. Postaw z powrotem na ogniu i gotuj przez kolejne 1-2 minuty, mieszając szpatułką, aż lekko zgęstnieje. Delikatnie wlać mieszaninę do dużej miski z mascarpone i wymieszać do połączenia.

h) Napełnij dużą miskę lodem i lodowatą wodą, umieszczając otwartą torebkę ziplock wielkości galona w wodzie, dnem do dołu. Ostrożnie wlej mieszaninę do worka, wyciśnij powietrze i zamknij. Schładzaj przez 30-45 minut.

i) Po schłodzeniu ubić zgodnie z instrukcją.

j) Po ubijaniu rozłóż masę w pojemniku przeznaczonym do zamrażania i połóż na wierzchu kawałek plastikowej folii, dociskając do lodów. Zamrozić na 4-6 godzin przed podaniem. Uwaga: te lody są miękkie!

49. Lodowe brûlée cytrynowe z toffi

SKŁADNIKI:
- 1 szklanka gęstej śmietanki
- 1 szklanka pełnego mleka
- 4 żółtka
- ½ szklanki granulowanego cukru
- 1 łyżka startej skórki z cytryny
- 1 kropla olejku cytrynowego
- ½ szklanki kawałków toffi
- Cukier granulowany, do karmelizacji
- Maliny do podania

INSTRUKCJE:
a) W rondlu podgrzej śmietankę, pełne mleko i skórkę z cytryny na średnim ogniu, aż zacznie się gotować. Zdjąć z ognia.
b) W osobnej misce wymieszaj żółtka, cukier i olejek cytrynowy, aż dobrze się połączą.
c) Powoli wlewaj gorącą śmietankę do masy z żółtek, ciągle ubijając.
d) Włóż mieszaninę do rondla i gotuj na małym ogniu, ciągle mieszając, aż zgęstnieje i pokryje grzbiet łyżki. Nie dopuść do wrzenia.
e) Zdejmij z ognia i pozwól mieszaninie ostygnąć do temperatury pokojowej. Następnie włóż do lodówki na co najmniej 4 godziny lub na całą noc.
f) Schłodzoną masę wlewamy do maszyny do lodów i ubijamy zgodnie z instrukcją producenta.
g) W ciągu ostatnich kilku minut ubijania dodaj kawałki toffi i kontynuuj ubijanie, aż zostaną równomiernie rozłożone.
h) Ubite lody przełóż do pojemnika i wstaw do zamrażarki na co najmniej 2 godziny, żeby stwardniały.
i) Tuż przed podaniem posyp każdą porcję cienką warstwą granulowanego cukru. Karmelizuj cukier za pomocą palnika kuchennego, aż uzyska chrupiącą skórkę.
j) Pozwól, aby cukier stwardniał przez kilka minut, a następnie podawaj i ciesz się smakiem.

50.Trufle Toffi

SKŁADNIKI:

- 1/2 szklanki masła, miękkiego
- 1/2 szklanki kawałków toffi do pieczenia
- 3/4 szklanki brązowego cukru pudru
- 1-funtowa polewa cukiernicza z czekolady
- 1 łyżeczka ekstraktu waniliowego
- 21/4 szklanki mąki uniwersalnej
- 1 (14 uncji) puszka słodzonego skondensowanego mleka
- 1/2 szklanki miniaturowych półsłodkich kawałków czekolady

INSTRUKCJE:

a) Do dużej miski dodaj brązowy cukier i masło, ubijaj mikserem elektrycznym na gładką masę.
b) Wymieszaj ekstrakt waniliowy.
c) Powoli dodawać mąkę, na zmianę ze słodzonym skondensowanym mlekiem, dokładnie ubijając po każdym dodaniu.
d) Delikatnie wymieszaj kawałki czekolady i toffi.
e) Za pomocą małej łyżki do ciastek uformuj 1-calowe kulki i ułóż je na wyłożonej woskowanym papierem blasze do pieczenia.
f) Schłodzić przez około 1 godzinę.
g) W szklanej misce nadającej się do kuchenki mikrofalowej roztapiaj polewę czekoladową w 30-sekundowych odstępach, mieszając po każdym roztopieniu przez około 1-3 minuty
h) Zanurzaj kulki ciasta w polewie czekoladowej, nadmiar odrzucając.
i) Ułóż na blasze wyłożonej woskowanym papierem do pieczenia i posyp trufle dodatkowymi kawałkami toffi.
j) Przechowywać w lodówce do twardości, około 15 minut. Przechowywać w lodówce.

51. Kleiste ciasteczka toffi z miso-karmelem i gruszką

SKŁADNIKI:
GRUSZKOWE KLEPIONE CIASTECZKA TOFFEE:
- 1 szklanka suszonych daktyli (około 6 uncji), wypestkowanych i grubo posiekanych
- 1 szklanka mąki uniwersalnej plus dodatkowa ilość do podsypywania
- 1 łyżeczka mielonego cynamonu
- 3/4 łyżeczki proszku do pieczenia
- 3/4 łyżeczki sody oczyszczonej
- 1/2 łyżeczki soli koszernej
- 3/4 szklanki jasnego brązowego cukru pudru
- 1/4 szklanki niesolonego masła i trochę do natłuszczenia formy
- 2 duże jajka
- 2 średnie gruszki Bartlett lub Anjou, obrane, wydrążone i pokrojone na kawałki o wielkości 1/3 cala (około 2 filiżanek)

SOS MISO-KARMELOWY:
- 3/4 szklanki niesolonego masła (6 uncji)
- 1 szklanka zapakowanego jasnobrązowego cukru
- 1/2 szklanki białego miso (organicznego, jeśli to możliwe)
- 1 szklanka gęstej śmietanki

BITA ŚMIETANA:
- 1 szklanka gęstej śmietanki

INSTRUKCJE:
PRZYGOTUJ GRUSZKOWE KLEPKIE CIASTECZKA TOFFEE:
a) Rozgrzej piekarnik do 350°F. Nasmaruj formę na muffiny na 12 muffinów miękkim masłem i posyp mąką; odłożyć na bok.
b) W małym rondlu wymieszaj daktyle i 1 szklankę wody. Doprowadzić do wrzenia na średnim ogniu i gotować, mieszając od czasu do czasu, aż daktyle zmiękną i wchłoną większość płynu, około 5 minut. Zdjąć z ognia i pozostawić do ostygnięcia na 5 minut. Rozgnieć mieszaninę tłuczkiem do ziemniaków lub widelcem, aż będzie gładka; Odłóż ją na bok.
c) W osobnej misce wymieszaj mąkę, cynamon, proszek do pieczenia, sodę oczyszczoną i sól; odłożyć na bok.
d) Umieść brązowy cukier i masło w misie miksera wyposażonego w przystawkę do łopatek. Ubijaj na średnio-wysokiej prędkości, aż mieszanina stanie się lekka i puszysta, co powinno zająć około 4 do 5 minut.
e) Dodawaj jajka, jedno po drugim, dobrze ubijając po każdym dodaniu. Mikserem pracującym na niskich obrotach stopniowo dodawaj mieszaninę mąki, ubijaj aż do połączenia, przez około 1 do 2 minut. Pamiętaj, aby zatrzymać się i w razie potrzeby zeskrobać boki miski.
f) Wymieszaj mieszaninę daktylową i włóż kawałki gruszki.
g) Łyżką równomiernie nałóż ciasto do przygotowanej formy na muffiny, wypełniając każdą miskę około 1/3 cala od góry (około 1/3 filiżanki na każdą). Możesz wyrzucić resztę ciasta lub zachować je do innego użytku.
h) Piec w nagrzanym piekarniku, aż drewniany patyczek włożony w środek ciastek będzie czysty, co powinno zająć około 18 do 22 minut.
PRZYGOTOWAĆ SOS MISO-KARMELOWY:
i) Rozpuść masło w średnim rondlu na średnio-małym ogniu. Dodaj brązowy cukier i miso, ubijając, aż się rozpuszczą, zwykle w ciągu 1 do 2 minut.
j) Wymieszaj ciężką śmietanę i poczekaj, aż mieszanina się zagotuje. Gotuj cały czas mieszając przez około 1 minutę. Zdejmij go z ognia i odłóż na bok do późniejszego wykorzystania.
PO ZAKOŃCZENIU PIECZENIA CIASTA:

k) Wyjmij je z piekarnika i natychmiast wykonaj w całym ciastku dziurki za pomocą drewnianego wykałaczki.
l) Na każde ciasto nałóż około 1 łyżkę sosu miso-karmelowego.
m) Pozostawiamy ciasta do ostygnięcia w formie na muffiny przez 20 minut, od czasu do czasu robiąc dodatkowe dziurki, aby sos wchłonął się.

PRZYGOTOWAĆ BITĄ ŚMIETANĘ:
n) Ubij ciężką śmietanę w misie miksera wyposażonego w końcówkę do ubijania na średnio-wysokiej prędkości, aż uformują się miękkie szczyty, zwykle w ciągu 1 do 2 minut.

SŁUŻYĆ:
o) Za pomocą małej szpatułki oddziel każde ciasto od formy na muffinki.
p) Odwróć ciasta na osobne talerze i pokryj każdy z nich około 1 1/2 łyżki sosu miso-karmelowego.
q) Podawać z bitą śmietaną i resztą sosu miso-karmelowego. Cieszyć się!

52. Czekoladowe ciasteczka z kawałkami toffi i mokką

SKŁADNIKI:
- 6 uncji niesolonego masła, lekko zmiękczonego
- 5 ¼ uncji granulowanego cukru
- 6 uncji jasnobrązowego cukru
- 2 duże jajka
- 1 łyżeczka ekstraktu waniliowego
- 11 ¼ uncji niebielonej mąki uniwersalnej
- 1 łyżeczka sody oczyszczonej
- 1 łyżeczka soli
- ⅛ łyżeczki espresso w proszku
- ¼ łyżeczki mielonego cynamonu
- 7 uncji kawałków gorzkiej czekolady
- 7 uncji chipsów Mocha
- 3 uncje kawałków toffi

INSTRUKCJE:
a) Rozgrzej piekarnik do 175 stopni C (350 stopni F).
b) W misie miksera stacjonarnego, używając przystawki do łopatek, wymieszaj lekko zmiękczone masło, cukier granulowany i jasnobrązowy cukier na średniej prędkości przez około dwie minuty, aż mieszanina będzie kremowa i dobrze się połączy.
c) Dodawaj jajka, jedno po drugim i ubijaj za każdym razem, aż do całkowitego połączenia.
d) Dodaj ekstrakt waniliowy i ubijaj, aż mieszanina będzie dobrze wymieszana.
e) W osobnej średniej wielkości misce wymieszaj niebieloną mąkę uniwersalną, sodę oczyszczoną, sól, proszek espresso i mielony cynamon.
f) Stopniowo dodawaj suche składniki do mieszanki masła i cukru. Najpierw wymieszaj szpatułką, a następnie przełącz na końcówkę łopatkową i mieszaj, aż suche składniki zostaną włączone do ciasta.
g) Delikatnie wymieszaj kawałki gorzkiej czekolady, chipsy Mocha i kawałki toffi, aż zostaną równomiernie rozmieszczone w cieście.
h) Wyłóż blachy do pieczenia papierem pergaminowym. Używając łyżki stołowej lub zwykłej łyżki, ułóż ciasto w kopczykach na blachach do pieczenia, zachowując odstępy około dwóch cali.

i) Piecz ciasteczka jeden arkusz na raz w nagrzanym piekarniku przez około 12 minut lub do momentu, aż krawędzie będą lekko złociste. Środek powinien być nadal lekko miękki.

j) Wyjmij ciasteczka z piekarnika i pozostaw je do ostygnięcia na metalowej kratce.

k) Po ostygnięciu te ciasteczka z kawałkami czekolady i toffi są gotowe do spożycia. To zachwycająca mieszanka czekolady, mokki i toffi w każdym kęsie!

53. Ciasto mokka z toffi

SKŁADNIKI:
DO SKORUPY:
- 1 ½ szklanki pokruszonych ciasteczek czekoladowych (takich jak czekoladowe krakersy graham lub wafle czekoladowe)
- 6 łyżek roztopionego niesolonego masła

DO WYPEŁNIENIA:
- 1 szklanka gęstej śmietanki
- ½ szklanki mleka
- ¼ szklanki granulowanego cukru
- 2 łyżki granulatu kawy rozpuszczalnej
- 1 łyżka skrobi kukurydzianej
- ¼ łyżeczki soli
- 4 duże żółtka
- 1 łyżeczka ekstraktu waniliowego
- ½ szklanki kawałków toffi lub pokruszonych cukierków toffi

NA polewę:
- 1 szklanka gęstej śmietanki
- 2 łyżki cukru pudru
- ½ łyżeczki ekstraktu waniliowego
- wiórki czekoladowe lub kakao do dekoracji (opcjonalnie)

INSTRUKCJE:
a) Rozgrzej piekarnik do 175°C (350°F).
b) W misce wymieszaj pokruszone ciasteczka czekoladowe i roztopione masło. Mieszaj, aż okruchy będą równomiernie pokryte.
c) Wciśnij mieszaninę okruchów na dno i boki 9-calowego naczynia na ciasto, aby uformować skórkę.
d) Ciasto pieczemy w nagrzanym piekarniku przez około 10 minut. Wyjmij z piekarnika i pozostaw do całkowitego ostygnięcia.
e) W rondlu wymieszaj ciężką śmietankę, mleko, cukier granulowany, granulki kawy rozpuszczalnej, skrobię kukurydzianą i sól. Mieszaj, aż granulki kawy i skrobia kukurydziana się rozpuszczą.
f) Postaw rondelek na średnim ogniu i gotuj, ciągle mieszając, aż mieszanina zgęstnieje i zacznie lekko wrzeć.

g) W osobnej misce ubić żółtka. Stopniowo dodawaj niewielką ilość gorącej śmietany do żółtek, cały czas ubijając. To zahartuje jajka i zapobiegnie ich rozbijaniu.
h) Powoli wlewaj hartowaną masę jajeczną z powrotem do rondla, ciągle mieszając.
i) Kontynuuj gotowanie mieszaniny na średnim ogniu, ciągle mieszając, aż zgęstnieje do konsystencji przypominającej budyń. Zdjąć z ognia.
j) Mieszaj ekstrakt waniliowy i kawałki toffi, aż zostaną równomiernie rozłożone w nadzieniu.
k) Nadzienie wylewamy na wystudzony spód i równomiernie rozprowadzamy.
l) Przykryj ciasto folią tak, aby dotykało powierzchni nadzienia, aby zapobiec tworzeniu się kożucha. Schładzaj w lodówce przez co najmniej 4 godziny lub do momentu stwardnienia.
m) Przed podaniem przygotować polewę z bitej śmietany. W misce miksującej ubijaj gęstą śmietanę, cukier puder i ekstrakt waniliowy, aż uzyskasz miękką pianę.
n) Na schłodzony placek posmaruj lub wylej bitą śmietanę.
o) Opcjonalnie: Udekoruj wiórkami czekolady lub posypką kakaową.
p) Pokrój i podawaj ciasto mokka z toffi i ciesz się jego bogatym, kremowym i rozkosznym smakiem!
q) To ciasto mokka z toffi z pewnością zaimponuje połączeniem kawy, toffi i czekolady. To doskonały deser na każdą okazję lub zaspokajający ochotę na słodycze.

54. Pot de crème z kawałkami różanego i pistacjowego toffi

SKŁADNIKI:

- ⅔ szklanki (100g) posiekanych pistacji
- ¼ szklanki suszonych płatków róż (patrz uwaga)
- 345 g cukru pudru
- 2 listki żelatyny o złotej mocy (patrz uwaga)
- ¾ szklanki (185 ml) mleka
- 5 żółtek
- 1 łyżka wody różanej (patrz uwaga)
- 2 krople różowego barwnika spożywczego
- 300 ml gęstej śmietany i dodatkowo bita śmietana do podania
- Niespryskane, świeże płatki róż do dekoracji

INSTRUKCJE:

a) Połącz posiekane pistacje z suszonymi płatkami róż i równomiernie rozłóż na wyłożonej papierem blasze do pieczenia.

b) Umieść 1 szklankę (220 g) cukru i ¼ szklanki (3 łyżki stołowe) wody na patelni ustawionej na małym ogniu. Mieszaj, aż cukier się rozpuści. Zwiększ ogień do średniego. Bez mieszania smaż przez 3-4 minuty, aż uzyskasz jasnozłoty karmel. Karmelem wylej orzechy i płatki na blachę do pieczenia, następnie odstaw na 15 minut do całkowitego wystygnięcia. Po ostygnięciu karmel połamać na kawałki. (Możesz to zrobić dzień wcześniej i przechowywać odłamki w hermetycznym pojemniku.)

c) Listki żelatyny namoczyć w zimnej wodzie na 5 minut, aby zmiękły. W międzyczasie doprowadź mleko do temperatury tuż poniżej wrzenia w rondlu ustawionym na średnim ogniu.

d) W misce ubić żółtka z pozostałymi 125 g cukru na puszystą masę. Stopniowo wlewaj mleko. Następnie włóż mieszaninę z powrotem na patelnię i postaw na małym ogniu, ciągle mieszając, aż zgęstnieje na tyle, że pokryje grzbiet łyżki.

e) Zdejmij mieszaninę z ognia, odciśnij nadmiar wody z listków żelatyny i dodaj żelatynę do mieszanki mlecznej, mieszając, aż dobrze się połączą. Mieszankę przelać przez sito do miski. Wymieszaj wodę różaną i barwnik spożywczy. Pozostaw mieszaninę do ostygnięcia na 1 godzinę.

f) Ubij gęstą śmietanę na puszystą pianę i delikatnie dodaj ją do schłodzonej mieszanki mlecznej, uważając, aby zachować jak najwięcej powietrza. Rozdzielić mieszaninę pomiędzy sześć kokilek o pojemności 150 ml. Schładzaj kokilki przez 4 godziny, aż krem stwardnieje. (Możesz je zrobić dzień wcześniej.)

g) Podawaj krem z płatków róż posypany dodatkową bitą śmietaną i kawałkami cukru. Udekoruj świeżymi płatkami róż.

55.Ciasto Banoffee

SKŁADNIKI:
NA CIASTO BANANOWE:
- 2 filiżanki mąki uniwersalnej
- 1 ½ łyżeczki proszku do pieczenia
- ½ łyżeczki sody oczyszczonej
- ¼ łyżeczki soli
- ½ szklanki niesolonego masła, zmiękczonego
- 1 szklanka granulowanego cukru
- 2 duże jajka
- 1 łyżeczka ekstraktu waniliowego
- 3 dojrzałe banany, rozgniecione
- ½ szklanki maślanki

NA NADZIENIE TOffi:
- 1 (14 uncji) puszka słodzonego skondensowanego mleka
- ½ szklanki niesolonego masła
- ½ szklanki jasnego brązowego cukru
- ½ łyżeczki ekstraktu waniliowego

NA lukier toffi:
- 1 ½ szklanki niesolonego masła, zmiękczonego
- 4 szklanki cukru pudru
- ¼ szklanki sosu toffi (może być kupiony w sklepie lub domowej roboty)
- 1 łyżeczka ekstraktu waniliowego

OPCJONALNE DODATKI:
- Pokrojone banany
- Wiórki czekoladowe
- Sos karmelowy

INSTRUKCJE:
NA CIASTO BANANOWE:
a) Rozgrzej piekarnik do 180°C (350°F), natłuść i posyp mąką dwie okrągłe formy do ciasta o średnicy 9 cali.
b) W średniej misce wymieszaj mąkę, proszek do pieczenia, sodę oczyszczoną i sól. Odłożyć na bok.
c) W dużej misce utrzyj miękkie masło i granulowany cukier na jasną i puszystą masę.
d) Dodawaj jajka, jedno po drugim, dobrze ubijając po każdym dodaniu. Wymieszaj ekstrakt waniliowy.
e) Mieszaj z puree bananowym, aż dobrze się połączy.
f) Stopniowo dodawaj suche składniki do mieszanki maślanej, na zmianę z maślanką, zaczynając i kończąc na suchych składnikach. Mieszaj aż do połączenia.
g) Rozłóż ciasto równomiernie pomiędzy przygotowane tortownice, wygładzając wierzch szpatułką.
h) Piec w nagrzanym piekarniku przez około 25-30 minut lub do momentu, aż wykałaczka wbita w środek ciastek będzie sucha.
i) Wyjmij ciasta z piekarnika i pozostaw je do ostygnięcia w foremkach na 10 minut. Następnie przenieś je na metalową kratkę, aby całkowicie ostygły.

NA NADZIENIE TOffi:
j) W średnim rondlu wymieszaj słodzone mleko skondensowane, masło i brązowy cukier.
k) Gotuj na średnim ogniu, ciągle mieszając, aż mieszanina zgęstnieje i uzyska konsystencję przypominającą karmel, około 10-15 minut.
l) Zdjąć z ognia i wymieszać z ekstraktem waniliowym.
m) Przed użyciem nadzienie toffi należy całkowicie ostudzić.

NA lukier toffi:
n) W dużej misce ubijaj zmiękczone masło, aż będzie kremowe i gładkie.
o) Stopniowo dodawaj cukier puder, po filiżance na raz, dokładnie ubijając po każdym dodaniu.
p) Dodaj sos toffi i ekstrakt waniliowy i kontynuuj ubijanie, aż lukier będzie jasny i puszysty.

MONTAŻ:

q) Połóż jedną warstwę ciasta bananowego na talerzu lub stojaku na ciasto. Na wierzch równomiernie rozprowadź dużą ilość nadzienia toffi.

r) Na wierzch połóż drugą warstwę ciasta i posmaruj całe ciasto lukrem toffi, używając szpatułki lub gładziarki do ciasta, aby uzyskać gładkie wykończenie.

s) Opcjonalnie: Udekoruj ciasto pokrojonymi bananami, wiórkami czekolady i kroplą sosu karmelowego dla dodatkowej dekoracji i smaku.

t) Pokrój i podawaj ciasto banoffee, delektując się

56.Wódka No-Bake Tort jabłkowo - jabłkowy

SKŁADNIKI:
- 6 czerwonych jabłek
- 1 łyżka soku z cytryny
- 230 g Piernika Grantham lub Orzechów Piernikowych
- 60 g roztopionego masła
- 300 ml śmietanki podwójnej
- 50 g cukru pudru
- 150 ml jogurtu greckiego
- 310 g lekkiego, miękkiego sera
- 2 łyżki wódki toffi
- 3,5 uncji granulowanego cukru

INSTRUKCJE:

a) Obierz 4 jabłka i pokrój je w 1 cm kawałki. Włóż do szklanej miski z sokiem z cytryny i włącz kuchenkę mikrofalową na pełną moc przez 3 minuty. Dobrze wymieszać. Wstaw do mikrofalówki na kolejne 2-3 minuty, aż masa będzie papkowata z kilkoma małymi grudkami. Pozostaw do ostygnięcia.

b) Zmiksuj ciastka w robocie kuchennym, aż utworzą się drobne okruchy. Dodać masło i zmiksować, aż się wymiesza. Dno formy o średnicy 20 cm wyłóż papierem do pieczenia. Wsypujemy okruchy i dociskamy grzbietem łyżki. Schłodź, aż będzie to konieczne. Boki formy wyłóż długim paskiem papieru do pieczenia.

c) Ubij śmietanę i cukier puder, aż utworzą się miękkie szczyty. Do dużej miski włóż jogurt, miękki ser, wódkę i mus jabłkowy i delikatnie wymieszaj, aż składniki zostaną równomiernie wymieszane – nie ubijaj zbyt mocno. Delikatnie wmieszać krem. Wyłóż łyżką na spód, wyrównaj grzbietem łyżki i odstaw na noc do lodówki.

d) Wydrążyć i pokroić w cienkie plasterki 2 ostatnie jabłka. Wytrzyj do sucha za pomocą rolki kuchennej. Połóż arkusz bułki kuchennej na talerzu do kuchenki mikrofalowej i ułóż na nim połowę plasterków jabłka. Kuchenka mikrofalowa o mocy 800 W przez 3 minuty. Obróć plasterki jabłka, osusz ręcznikiem kuchennym i włóż do kuchenki mikrofalowej na kolejne 3 minuty, aż będą miękkie i prawie suche. Odłóż na bok i powtórz czynność z pozostałym jabłkiem.

e) Połóż arkusz papieru do pieczenia na drucianej kratce. Do małego rondelka wsyp cukier i 4 łyżki wody. Podgrzewaj delikatnie, nie mieszając, aż cukier się rozpuści. Gotuj przez 3-4 minuty, aż uzyskasz miodowo-złoty karmel. Zdjąć z ognia, dodać ¼ suszonego jabłka, wymieszać do pokrycia, następnie wyjmować jeden po drugim, pozwalając, aby nadmiar karmelu spłynął z powrotem na patelnię. Ułożyć na papierze do pieczenia.

f) Powtórz jeszcze trzy razy. Jeśli karmel zgęstnieje, delikatnie podgrzewaj przez 20 sekund.

g) Sernik wykładamy na talerz i zdejmujemy papier do pieczenia. Na wierzchu ułóż plasterki karmelowego jabłka, posyp pokruszonymi ciasteczkami imbirowymi (jeśli lubisz) i podawaj.

57.Ciasto Toffi

SKŁADNIKI:
- 1 opakowanie mieszanki na ciasto czekoladowe (normalny rozmiar)
- 1 słoik (17 uncji) polewy maślano-karmelowej do lodów szkockich
- 1 karton (12 uncji) zamrożonej bitej polewy, rozmrożonej
- 1 szklanka masła
- 3 batoniki Heath (1,4 uncji każdy), posiekane

INSTRUKCJE:
a) Przygotować i upiec ciasto zgodnie z instrukcją na opakowaniu, używając masła.
b) Studzimy na drucianej kratce.
c) Trzonką drewnianej łyżki robimy dziurki w cieście. Wlać 3/4 szklanki polewy karmelowej do otworów. Połóż łyżkę pozostałego karmelu na cieście. Na wierzch posypać bitą polewą. Posypać cukierkami.
d) Przed podaniem przechowywać w lodówce co najmniej 2 godziny.

58.Tartaletki Banoffee bez pieczenia

SKŁADNIKI:
DO PODSTAW:
- 1 szklanka suszonych daktyli
- ½ szklanki mielonych migdałów
- ¼ łyżeczki cynamonu
- 1 szklanka surowych orzechów nerkowca

DO WYPEŁNIENIA:
- ½ szklanki suszonych daktyli
- ½ szklanki masła orzechowego
- ½ łyżeczki wanilii
- ¼ szklanki oleju kokosowego
- 1 banan
- ¼ szklanki kremu kokosowego

NA polewę:
- ½ szklanki śmietanki kokosowej, schłodzonej
- ½ banana, pokrojonego w plasterki

INSTRUKCJE:
PRZYGOTOWAĆ PUSTY NA TARTELETKI:
a) Dno foremek o wymiarach 6 x 10 cm wyłóż papierem do pieczenia lub 1 foremką o wymiarach 22 cm.
ZROB PODSTAWĘ:
b) Daktyle namoczyć we wrzącej wodzie przez 10 minut, następnie odcedzić.
c) W robocie kuchennym połącz namoczone daktyle, zmielone migdały, cynamon i surowe orzechy nerkowca.
d) Mieszaj, aż masa będzie lepka i dobrze połączona, zachowując pewną konsystencję. Podzielić mieszaninę pomiędzy foremki, dociskając ją tak, aby wyrównała dno i boki każdej z nich. Włóż do lodówki na czas przygotowania nadzienia.
PRZYGOTUJ NADZIENIE:
e) Daktyle namoczyć przez 10 minut we wrzącej wodzie, następnie odcedzić.
f) W robocie kuchennym połącz namoczone daktyle, masło orzechowe, wanilię, olej kokosowy, banana i śmietankę kokosową. Mieszaj, aż będzie gładka. Nadzienie nakładamy do foremek na tarty, wyrównujemy ich wierzch. Włóż do zamrażarki na co najmniej 2 godziny lub do momentu, aż będzie gotowe do spożycia.
MONTAŻ I PODANIE:
g) Przed podaniem ubij schłodzoną śmietankę kokosową, aż zgęstnieje.
h) Na wierzch każdej tartaletki nałóż porcję bitej śmietanki kokosowej.
i) Na koniec dodaj pokrojonego banana jako pyszną polewę.

59. Lody Banoffee z lodami

SKŁADNIKI:

- ½ szklanki posiekanych orzechów pekan
- 3 łyżki masła
- ½ szklanki zapakowanego ciemnobrązowego cukru
- ⅔ szklanki gęstej śmietanki
- Szczypta soli
- 1 (48-uncjowy) karton lodów waniliowych
- 4 małe banany, pokrojone w plasterki

INSTRUKCJE:

a) W małym, suchym rondlu na średnim ogniu praż posiekane orzechy pekan, aż zaczną wydzielać zapach, od czasu do czasu mieszając. Zdjąć z patelni.

PRZYGOTOWANIE SOS KARMELOWY:

b) W rondlu zagotuj masło, ciemnobrązowy cukier, śmietanę i sól na średnim ogniu.

c) Gotuj przez 1 do 2 minut, od czasu do czasu mieszając, aż mieszanina zgęstnieje, a cukier się rozpuści. Lekko ostudzić sos.

MONTAŻ LODÓW:

d) Nałóż niewielką ilość sosu karmelowego do każdej z 4 filiżanek.
e) Na wierzch sosu dodaj gałkę lodów waniliowych.
f) Na lodach ułóż pokrojone w plasterki banany.
g) Dodać kolejną gałkę lodów waniliowych.
h) Posmaruj lody większą ilością sosu karmelowego.
i) Posyp prażonymi orzechami pekan.

60. Brownie Toffi Drobiazg

SKŁADNIKI:
- 1 opakowanie mieszanki krówek brownie (forma o wymiarach 13 cali x 9 cali)
- 4 łyżeczki granulatu kawy rozpuszczalnej
- ¼ szklanki ciepłej wody
- 1 ¾ szklanki zimnego mleka
- 1 opakowanie (3,4 uncji) mieszanki błyskawicznego budyniu waniliowego
- 2 szklanki ubitej polewy
- 1 opakowanie (11 uncji) waniliowych lub białych chipsów do pieczenia
- 3 batoniki Heath (1,55 uncji każdy), posiekane

INSTRUKCJE:
a) Postępuj zgodnie z instrukcjami na opakowaniu, aby przygotować i upiec ciasteczka. Fajny; pokroić w ¾ cala. kostki.
b) Rozpuść granulki kawy w ciepłej wodzie. Ubijaj budyń z mlekiem przez 2 minuty na małej prędkości w dużej misce; ubić mieszankę kawową. Dodać ubitą polewę.
c) Ułóż ½ kostki brownie, batoniki, chipsy waniliowe i budyń w 3-kwartowym opakowaniu. drobnoziarnista szklanka/miska; powtarzaj warstwy. Okładka; przechowywać w lodówce minimum 1 godzinę przed podaniem.

61. Ciasto orzechowe Banoffee Bundt

SKŁADNIKI:
- 1 opakowanie Krusteaz Cinnamon Swirl Ciasto kruche i mieszanka muffinów
- 1 jajko
- ⅔ szklanki wody
- 1 łyżeczka ekstraktu waniliowego
- ½ szklanki posiekanych orzechów pekan
- ¼ szklanki kawałków toffi
- 2 Dojrzałe banany, rozgniecione
- ¼ szklanki sosu karmelowego
- Spray do gotowania

INSTRUKCJE:

a) Rozgrzej piekarnik do 350°F. Lekko nasmaruj formę do pieczenia na 6 filiżanek sprayem do gotowania.

b) W misce wymieszaj masę ciasta, jajko, wodę, ekstrakt waniliowy, ¼ szklanki posiekanych orzechów pekan, kawałki toffi i puree bananowe, aż składniki się połączą. Ciasto będzie lekko grudkowate.

c) Połowę ciasta wyłóż na przygotowaną formę i równomiernie rozprowadź. Posyp ciasto połową torebki cynamonowej. Na warstwę wierzchnią nakładać pozostałym ciastem małymi łyżkami i rozprowadzać je aż do krawędzi patelni. Pozostałą nadzieniem posyp równomiernie ciasto.

d) Piec w nagrzanym piekarniku przez 40-45 minut lub do momentu, aż wykałaczka wbita w środek będzie czysta.

e) Schłodzić ciasto przez 5-10 minut. Za pomocą noża do masła oddziel brzegi ciasta od formy i ostrożnie przełóż je na półmisek.

f) Skrop ciasto sosem karmelowym i udekoruj pozostałymi posiekanymi orzechami pekan.

62.Eklery z chrupiącym toffi

SKŁADNIKI:
NA CIASTO CHOUX:
- 1 szklanka wody
- 1/2 szklanki niesolonego masła
- 1 Mąkę o wszechstronnym przeznaczeniu
- 4 duże jajka

DO WYPEŁNIENIA:
- 2 szklanki kremu cukierniczego o smaku toffi

NA KRUSZĄCZKĘ TOFFEE:
- 1 szklanka kawałków toffi lub pokruszonych cukierków toffi
- 1/2 szklanki posiekanych orzechów (np. migdałów lub orzechów pekan)

DO SZKLIWIENIA:
- 1/2 szklanki gorzkiej czekolady, posiekanej
- 1/4 szklanki niesolonego masła
- 1 szklanka cukru pudru
- 1/4 szklanki gorącej wody

INSTRUKCJE:
CIASTO CHOUX:
a) Rozgrzej piekarnik do 190°C i wyłóż blachę do pieczenia papierem pergaminowym.
b) W rondlu połącz wodę i masło. Podgrzewaj na średnim ogniu, aż masło się roztopi i mieszanina zagotuje.
c) Zdejmij z ognia, dodaj mąkę i energicznie mieszaj, aż mieszanina utworzy kulę.
d) Pozostaw ciasto do ostygnięcia na kilka minut, następnie dodawaj po jednym jajku, dobrze ubijając po każdym dodaniu.
e) Ciasto przełożyć do rękawa cukierniczego i wycisnąć eklery na przygotowaną blachę.
f) Piec przez około 30 minut lub do złotego koloru. Pozwól ostygnąć.
POŻYWNY:
g) Przygotuj krem do ciasta o smaku toffi. Możesz dodać ekstrakt toffi lub pokruszone kawałki toffi do klasycznego przepisu na krem do ciasta lub użyć gotowego kremu do ciasta o smaku toffi.

h) Napełnij eklery kremem cukierniczym o smaku toffi za pomocą rękawa cukierniczego lub małej łyżeczki.
KRUSZĄCA POWIERZCHNIA TOFFEE:
i) W misce wymieszaj kawałki toffi i posiekane orzechy.
j) Posyp obficie chrupiącą polewą toffi na nadziewane eklery, zapewniając równomierne pokrycie.
GLAZURA:
k) W żaroodpornej misce rozpuść ciemną czekoladę z masłem na podwójnym bojlerze.
l) Zdejmij z ognia, dodaj cukier puder i stopniowo dodawaj gorącą wodę, aż masa będzie gładka.
m) Zanurz wierzch każdego eklera w polewie z ciemnej czekolady, zapewniając równomierne pokrycie. Pozwól, aby nadmiar spłynął.
n) Połóż oszklone eklery na blasze i pozostaw do ostygnięcia, aż czekolada stwardnieje.
o) Podawaj schłodzone i delektuj się słodką i chrupiącą dobrocią Toffee Crunch Éclairs!

63. Ciasteczka z masłem orzechowym i toffi

SKŁADNIKI:

- 1 dojrzały banan, rozgnieciony
- 1/4 szklanki kremowego masła orzechowego
- 1/4 szklanki miodu
- 1 łyżeczka ekstraktu waniliowego
- 1 szklanka płatków owsianych typu old fashioned
- 1/4 szklanki kawałków toffi
- 1/4 szklanki posiekanych orzechów (takich jak migdały lub orzechy pekan)

INSTRUKCJE:

a) Rozgrzej piekarnik do 175°C i wyłóż blachę do pieczenia papierem pergaminowym.
b) W dużej misce wymieszaj rozgnieciony banan, masło orzechowe, miód i ekstrakt waniliowy, aż uzyskasz gładką masę.
c) Wymieszaj płatki owsiane, kawałki toffi i posiekane orzechy, aż dobrze się połączą.
d) Na przygotowaną blachę do pieczenia nakładaj łyżką ciasto, zachowując odstępy około 2 cali.
e) Każde ciasteczko lekko spłaszcz grzbietem łyżki.
f) Piec przez 12-15 minut lub do momentu, aż krawędzie staną się złotobrązowe.
g) Pozostaw ciasteczka na blasze do ostygnięcia na kilka minut, a następnie przenieś je na metalową kratkę, aby całkowicie ostygły.
h) Ciesz się zdrowymi i pysznymi ciasteczkami śniadaniowymi Toffee jako opcją śniadaniową na wynos!

64. angielskie toffi

SKŁADNIKI:
- 1 szklanka masła
- 1 ¼ szklanki białego cukru
- 2 łyżki wody
- ¼ szklanki posiekanych migdałów
- 1 szklanka kawałków czekolady

INSTRUKCJE:

a) Posmaruj masłem patelnię z galaretką o wymiarach 10 x 15 cali.

b) Rozpuść masło na ciężkiej patelni na średnim ogniu. Wymieszaj cukier i wodę. Doprowadzić do wrzenia i dodać migdały. Gotuj, ciągle mieszając, aż orzechy się uprażą, a cukier będzie złocisty. Wlać mieszaninę do przygotowanej patelni; nie rozprzestrzeniaj się.

c) Od razu posypujemy wierzch kawałkami czekolady. Odstawić na minutę, następnie posmarować wierzch czekoladą. Pozostawić do całkowitego ostygnięcia, a następnie podzielić na kawałki.

65.Ciasto z kremem toffi

SKŁADNIKI:
- 1-1/2 szklanki pół na pół śmietanki
- 1 opakowanie (3,4 uncji) mieszanki błyskawicznego budyniu waniliowego
- 6 batonów Heath (1,4 uncji każdy), posiekanych
- 1 karton (8 uncji) zamrożonej bitej polewy, rozmrożony, podzielony
- 1 skórka z okruchów czekolady (9 cali)

INSTRUKCJE:

a) Mieszankę budyniową ze śmietanką mieszaj w dużej misce przez 2 minuty. Pozostaw na 2 minuty. aż do częściowego stężenia. Wymieszaj 1 szklankę posiekanych cukierków. Złóż 2 szklanki ubitej polewy. Wylać na spód.

b) Wierzch smarujemy pozostałą ubitą polewą i posypujemy resztą cukierków. Zamrażaj pod przykryciem do twardości przez co najmniej 4 godziny.

66.Fondue toffi

SKŁADNIKI:
- 1 opakowanie karmelków Kraft (duże)
- ¼ szklanki mleka
- ¼ filiżanki Mocnej czarnej kawy
- ½ szklanki kawałków mlecznej czekolady –
- Kawałki jabłek
- Kawałki bananów
- Pianki
- Ciasto anielskie – 1-calowe kostki

INSTRUKCJE:

a) Umieść karmelki, mleko, kawę i kawałki czekolady na podwójnym bojlerze; gotować nad wrzącą wodą, mieszając, aż się rozpuści i połączy. Umieścić w naczyniu do fondue.

b) Owoce włóczni, pianki i ciasto na widelcach do fondue; zanurz się w fondue.

67. Espresso Toffi Crunch Semifreddo

SKŁADNIKI:
- 4 żółtka
- ½ szklanki granulowanego cukru
- 1 szklanka gęstej śmietanki
- ¼ filiżanki mocnego, parzonego espresso, ostudzonego
- ½ szklanki kawałków toffi
- ¼ szklanki pokruszonych ziaren espresso w czekoladzie (do dekoracji)

INSTRUKCJE:
a) W dużej misce wymieszaj żółtka z cukrem, aż masa będzie jasna i kremowa.
b) W osobnej misce ubijaj ciężką śmietanę, aż utworzą się miękkie szczyty.
c) Delikatnie wymieszaj zaparzone espresso i kawałki toffi z bitą śmietaną.
d) Stopniowo dodawaj ubitą śmietanę do masy z żółtek, delikatnie mieszając, aż składniki dobrze się połączą.
e) Wlać mieszaninę do foremki do pieczenia lub pojedynczych kokilek i posypać pokruszonymi ziarnami espresso w czekoladzie.
f) Zamrażaj przez co najmniej 6 godzin lub przez noc.
g) Przed podaniem wyjmij z zamrażarki i pozostaw na kilka minut w temperaturze pokojowej przed pokrojeniem.

68.Parfaity kawowo-toffi

SKŁADNIKI:
- 3 szklanki mleka kawowego z lodem

CHRUPIĄCE TOFFEE
- 6 łyżek mrożonej posypki ubijanej o obniżonej kaloryczności, rozmrożonej
- ½ szklanki mocno zapakowanego ciemnobrązowego cukru
- ¼ szklanki posiekanych migdałów
- 2 łyżeczki margaryny w sztyfcie, miękkiej
- Spray do gotowania warzyw

INSTRUKCJE:

a) Do każdej z 6 szklanek do parfait włóż ¼ szklanki mleczka kawowego, na wierzch połóż 2 łyżki Toffee Crunch.

b) Powtarzaj warstwy i posyp każdy parfait 1 łyżką ubitej polewy. Zamrażaj, aż będzie gotowy do podania. Ilość: 6 porcji.

NA CHRUPKIE TOFFEE:

c) Połącz cukier, migdały i margarynę w robocie kuchennym i pulsuj 10 razy lub do momentu, aż orzechy zostaną drobno posiekane. Wciśnij mieszaninę w 7-calowe koło na blasze do pieczenia pokrytej sprayem do gotowania.

d) Smaż przez 1 minutę, aż będzie musująca, ale nie spalona. Wyjąć z piekarnika, odstawić na 5 minut. Delikatnie obróć toffi na drugą stronę, używając szerokiej szpatułki, i piecz przez dodatkową minutę.

e) Wyjmij z piekarnika i pozwól ostygnąć. Pokrój mieszaninę toffi na ½-calowe kawałki.

69.Pudding chlebowy toffi

SKŁADNIKI:
- 6 szklanek jednodniowego chleba pokrojonego w kostkę
- 2 szklanki mleka
- 1/2 szklanki gęstej śmietanki
- 3 duże jajka
- 1/2 szklanki granulowanego cukru
- 1 łyżeczka ekstraktu waniliowego
- 1/2 szklanki kawałków toffi
- Sos karmelowy do podania

INSTRUKCJE:

a) Rozgrzej piekarnik do 175°C i natłuść naczynie do pieczenia o wymiarach 9 x 13 cali.

b) Pokrojony w kostkę chleb włóż do przygotowanego naczynia do pieczenia.

c) W misce wymieszaj mleko, gęstą śmietanę, jajka, cukier i ekstrakt waniliowy, aż dobrze się połączą.

d) Wlać mieszaninę mleka na kostki chleba, upewniając się, że cały chleb jest nią pokryty.

e) Na wierzch równomiernie posypujemy kawałkami toffi.

f) Pudding chlebowy odstawiamy na około 15 minut, aby chleb wchłonął płyn.

g) Piec przez 35-40 minut lub do momentu, aż budyń stwardnieje i będzie złocistobrązowy na wierzchu.

h) Podawać na ciepło z sosem karmelowym skropionym na wierzchu. Ciesz się tym pocieszającym budyniem z chleba toffi jako wspaniałym deserem!

70.Batony Sernikowe Toffi

SKŁADNIKI:
- 2 szklanki okruszków krakersów graham
- 1/2 szklanki niesolonego masła, roztopionego
- 16 uncji serka śmietankowego, zmiękczonego
- 1/2 szklanki granulowanego cukru
- 2 duże jajka
- 1 łyżeczka ekstraktu waniliowego
- 1/2 szklanki kawałków toffi

INSTRUKCJE:
a) Rozgrzej piekarnik do 175°C i wyłóż naczynie do pieczenia o wymiarach 8 x 8 cali papierem pergaminowym.
b) W misce wymieszaj okruchy krakersów graham i roztopione masło, aż dobrze się wymieszają.
c) Równomiernie wciśnij masę na dno przygotowanej formy do pieczenia, tak aby utworzyła się skórka.
d) W drugiej misce ubijaj serek śmietankowy z cukrem, aż masa będzie gładka i kremowa.
e) Dodawaj jajka, jedno po drugim, dobrze ubijając po każdym dodaniu. Wymieszaj ekstrakt waniliowy.
f) Dodawaj kawałki toffi, aż zostaną równomiernie rozłożone w całej mieszance.
g) Wlać mieszaninę serka śmietankowego na spód krakersa graham i równomiernie rozprowadzić.
h) Piec przez 25-30 minut lub do momentu, aż krawędzie się zetną, a środek będzie lekko drgający.
i) Przed pokrojeniem batonów sernikowych na kwadraty poczekaj, aż całkowicie ostygną w naczyniu do pieczenia. Ciesz się tymi bogatymi i kremowymi batonikami z sernikiem toffi jako dekadencką ucztą!

71. Toffi Jabłkowe Chrupiące

SKŁADNIKI:

- 4 szklanki pokrojonych w plasterki jabłek (takich jak Granny Smith lub Honeycrisp)
- 1 łyżka soku z cytryny
- 1/2 szklanki granulowanego cukru
- 1/4 szklanki mąki uniwersalnej
- 1/2 łyżeczki mielonego cynamonu
- 1/4 łyżeczki mielonej gałki muszkatołowej
- 1 szklanka płatków owsianych typu old fashioned
- 1/2 szklanki mąki uniwersalnej
- 1/2 szklanki brązowego cukru pudru
- 1/4 szklanki kawałków toffi
- 1/2 szklanki niesolonego masła, roztopionego

INSTRUKCJE:

a) Rozgrzej piekarnik do 175°C i natłuść naczynie do pieczenia o wymiarach 9 x 9 cali.
b) W dużej misce wymieszaj pokrojone jabłka z sokiem z cytryny, aż je pokryją.
c) W osobnej misce połącz granulowany cukier, 1/4 szklanki mąki, cynamon i gałkę muszkatołową. Dodaj tę mieszaninę do jabłek i wymieszaj.
d) Rozłóż równomiernie masę jabłkową w przygotowanym naczyniu do pieczenia.
e) W misce wymieszaj płatki owsiane, 1/2 szklanki mąki, brązowy cukier i kawałki toffi. Mieszaj roztopione masło, aż powstanie kruszonka.
f) Posyp równomiernie mieszaniną płatków owsianych jabłka w naczyniu do pieczenia.
g) Piec przez 35-40 minut lub do momentu, aż polewa będzie złotobrązowa, a jabłka miękkie.
h) Podawać na ciepło z gałką lodów waniliowych lub kleksem bitej śmietany. Rozkoszuj się tym pocieszającym chrupiącym jabłkiem toffi jako pysznym deserem!

72.Split z toffi i bananami

SKŁADNIKI:

- 2 dojrzałe banany
- 2 gałki lodów waniliowych
- Sos czekoladowy
- Sos karmelowy
- Bita śmietana
- Wiśnie Maraskino
- Kawałki toffi

INSTRUKCJE:

a) Obierz banany i przekrój każdy z nich wzdłuż na pół.
b) Połóż połówki bananów w naczyniu lub łódce.
c) Na każdą połówkę banana nałóż gałkę lodów waniliowych.
d) Skropić sosem czekoladowym i sosem karmelowym.
e) Udekoruj bitą śmietaną, wiśniami maraschino i posypką kawałków toffi.
f) Podawaj natychmiast i ciesz się tym pysznym toffi-bananem Split jako klasycznym deserem z pysznym akcentem!

73. Ciasto Toffi Pekan

SKŁADNIKI:

- 1 nieupieczony spód ciasta (domowy lub kupiony w sklepie)
- 3 duże jajka
- 1 szklanka syropu kukurydzianego
- 1 szklanka granulowanego cukru
- 2 łyżki roztopionego, niesolonego masła
- 1 łyżeczka ekstraktu waniliowego
- Szczypta soli
- 1 szklanka posiekanych orzechów pekan
- 1/2 szklanki kawałków toffi

INSTRUKCJE:

a) Rozgrzej piekarnik do 350°F (175°C) i włóż niewypieczony spód ciasta do 9-calowego naczynia na ciasto.
b) W misce miksującej ubić jajka. Dodaj syrop kukurydziany, cukier, roztopione masło, ekstrakt waniliowy i sól i mieszaj, aż dobrze się połączą.
c) Wymieszaj posiekane orzechy pekan i kawałki toffi, aż zostaną równomiernie rozłożone.
d) Wlać mieszaninę do ciasta.
e) Piec przez 50-60 minut lub do momentu, aż nadzienie stwardnieje, a skórka stanie się złotobrązowa.
f) Przed pokrojeniem i podaniem poczekaj, aż ciasto całkowicie ostygnie. Ciesz się tym dekadenckim ciastem toffi i pekanem jako wspaniałym deserem na każdą okazję!

PRZYPRAWY

74. Masło Toffi

SKŁADNIKI:
- 1/2 szklanki niesolonego masła, zmiękczonego
- 2 łyżki cukru pudru
- 1/4 szklanki kawałków toffi

INSTRUKCJE:
a) W misce miksującej ubijaj zmiękczone masło, aż będzie gładkie i kremowe.
b) Dodać cukier puder i ubijać, aż składniki dobrze się połączą.
c) Delikatnie włóż kawałki toffi, aż zostaną równomiernie rozłożone.
d) Przenieś masło toffi do naczynia do serwowania lub uformuj wałek za pomocą plastikowego opakowania.
e) Podawaj masło toffi na tostach, babeczkach, bułeczkach lub naleśnikach, aby uzyskać bogatą i smakowitą pastę.

75.Lukier Toffi Waniliowy

SKŁADNIKI:

- 1 ½ szklanki niesolonego masła, zmiękczonego
- 4 szklanki cukru pudru
- ¼ szklanki sosu toffi (można kupić w sklepie lub domowej roboty)
- 1 łyżeczka ekstraktu waniliowego

INSTRUKCJE:

a) W dużej misce ubijaj zmiękczone masło, aż będzie kremowe i gładkie.

b) Stopniowo dodawaj cukier puder, po filiżance na raz, dobrze ubijając po każdym dodaniu.

c) Dodaj sos toffi i ekstrakt waniliowy i kontynuuj ubijanie, aż lukier będzie jasny i puszysty.

76. Sos Toffi

SKŁADNIKI:

- 1 szklanka gęstej śmietanki
- 1/2 szklanki niesolonego masła
- 1 szklanka brązowego cukru
- 1/4 szklanki kawałków toffi

INSTRUKCJE:

a) W rondlu wymieszaj ciężką śmietanę, niesolone masło i brązowy cukier na średnim ogniu.
b) Ciągle mieszaj, aż masło się rozpuści, a cukier rozpuści.
c) Doprowadź mieszaninę do delikatnego wrzenia, a następnie zmniejsz ogień do niskiego.
d) Gotuj na wolnym ogniu przez 5-7 minut, od czasu do czasu mieszając, aż sos lekko zgęstnieje.
e) Zdjąć z ognia i wymieszać kawałki toffi, aż się rozpuszczą i połączą.
f) Przed podaniem poczekaj, aż sos toffi lekko ostygnie. Skropić lodami, naleśnikami, goframi lub deserami, aby uzyskać dekadencki akcent.

77. Bita śmietana toffi

SKŁADNIKI:
- 1 szklanka gęstej śmietanki
- 2 łyżki cukru pudru
- 1 łyżeczka ekstraktu waniliowego
- 1/4 szklanki kawałków toffi

INSTRUKCJE:

a) W misce miksującej ubijaj gęstą śmietanę, cukier puder i ekstrakt waniliowy, aż uzyskasz miękką pianę.

b) Delikatnie włóż kawałki toffi, aż zostaną równomiernie rozłożone.

c) Użyj bitej śmietanki toffi do posypania gorącego kakao, kawy, deserów lub owoców, aby uzyskać kremowy i aromatyczny dodatek.

78. Kremowy serek toffi

SKŁADNIKI:
- 8 uncji serka śmietankowego, zmiękczonego
- 1/4 szklanki cukru pudru
- 1 łyżeczka ekstraktu waniliowego
- 1/4 szklanki kawałków toffi

INSTRUKCJE:

a) W misce miksującej ubijaj zmiękczony serek śmietankowy, aż będzie gładki i kremowy.

b) Dodaj cukier puder i ekstrakt waniliowy i ubijaj, aż dobrze się połączą.

c) Delikatnie włóż kawałki toffi, aż zostaną równomiernie rozłożone.

d) Posmaruj serkiem śmietankowym toffi bajgle, tosty, babeczki lub krakersy, aby uzyskać słodką i kremową polewę.

79. Miód z dodatkiem toffi

SKŁADNIKI:
- 1 szklanka miodu
- 1/4 szklanki kawałków toffi

INSTRUKCJE:
a) W małym rondlu podgrzej miód na małym ogniu, aż się rozgrzeje.
b) Mieszaj kawałki toffi, aż zaczną się topić i przenikać do miodu.
c) Zdjąć z ognia i lekko ostudzić przed przeniesieniem do słoika lub pojemnika.
d) Użyj miodu z dodatkiem toffi do słodzenia herbaty, polej jogurtem lub płatkami owsianymi lub użyj jako glazury do pieczonych warzyw lub mięs.

80.Glazura toffi

SKŁADNIKI:
- 1 szklanka cukru pudru
- 2 łyżki mleka lub śmietanki
- 1/4 łyżeczki ekstraktu waniliowego
- 2 łyżki kawałków toffi

INSTRUKCJE:

a) W misce wymieszaj cukier puder, mleko lub śmietanę i ekstrakt waniliowy na gładką masę.

b) Mieszaj kawałki toffi, aż zostaną równomiernie rozłożone.

c) Posmaruj glazurą ciasta, babeczki, babeczki lub bułeczki cynamonowe, aby uzyskać słodką i aromatyczną polewę.

81. Syrop Toffi

SKŁADNIKI:

- 1 szklanka wody
- 1 szklanka granulowanego cukru
- 1/4 szklanki kawałków toffi

INSTRUKCJE:

a) W rondlu wymieszaj wodę i cukier granulowany. Podgrzewać na średnim ogniu, od czasu do czasu mieszając, aż cukier się rozpuści.

b) Gdy cukier się rozpuści, zmniejsz ogień do małego i gotuj na wolnym ogniu przez 5-7 minut, aż syrop lekko zgęstnieje.

c) Zdjąć z ognia i wymieszać z kawałkami toffi, aż się rozpuszczą i połączą z syropem.

d) Przed przelaniem syropu toffi do butelki lub słoika poczekaj, aż ostygnie. Używaj go do słodzenia kawy, koktajli lub polewania naleśników lub tostów francuskich.

82. Krem toffi

SKŁADNIKI:
- 1 szklanka gęstej śmietanki
- 2 łyżki cukru pudru
- 1/4 szklanki kawałków toffi

INSTRUKCJE:

a) W misce miksującej ubijaj śmietankę z cukrem pudrem, aż powstanie miękka piana.

b) Delikatnie włóż kawałki toffi, aż zostaną równomiernie rozłożone.

c) Podawaj krem toffi z ciastami, szewcami lub deserami, aby uzyskać soczysty i kremowy dodatek.

83. Sos Naleśnikowy Toffi

SKŁADNIKI:
- 1/2 szklanki syropu klonowego
- 2 łyżki sosu toffi (z przepisu na sos toffi)

INSTRUKCJE:

a) W małym rondlu podgrzej syrop klonowy na małym ogniu, aż będzie ciepły.

b) Mieszaj sos toffi, aż do całkowitego połączenia.

c) Zdjąć z ognia i lekko ostudzić.

d) Polej sosem naleśnikowym toffi naleśniki lub gofry, aby uzyskać słodką i pyszną ucztę śniadaniową.

NAPOJE

84.Koktajl mleczny toffi

SKŁADNIKI:
- 2 gałki lodów waniliowych
- 1/2 szklanki mleka
- 1/4 szklanki sosu toffi (przepis powyżej)
- Bita śmietana
- Kawałki toffi do dekoracji

INSTRUKCJE:
a) W blenderze połącz lody waniliowe, mleko i sos toffi.
b) Mieszaj, aż masa będzie gładka i kremowa.
c) Wlać mleczny koktajl do szklanki.
d) Całość posmaruj bitą śmietaną i posyp kawałkami toffi.
e) Rozkoszuj się tym pysznym i kremowym koktajlem mlecznym toffi!

85.Mrożona herbata toffi

SKŁADNIKI:
- 1 szklanka zaparzonej czarnej herbaty, ostudzonej
- 1/4 szklanki syropu toffi
- Kostki lodu
- Plasterki cytryny do dekoracji

INSTRUKCJE:

a) Napełnij szklankę kostkami lodu.
b) Do szklanki wlej zaparzoną czarną herbatę.
c) Mieszaj syrop toffi, aż dobrze się wymiesza.
d) Udekoruj plasterkami cytryny.
e) Rozkoszuj się tą orzeźwiającą i subtelnie słodką mrożoną herbatą toffi!

86.Banoffee Frappuccino

SKŁADNIKI:
- 1 filiżanka kawy parzonej, ostudzonej
- ½ szklanki mleka (mlecznego lub roślinnego)
- 2 dojrzałe banany, zamrożone
- 2 łyżki syropu toffi
- Bita śmietana do posypania
- Pokruszone kawałki toffi do dekoracji

INSTRUKCJE:
a) W blenderze połącz schłodzoną zaparzoną kawę, mleko, mrożone banany i syrop toffi.
b) Mieszaj, aż masa będzie gładka i kremowa.
c) Przelej do szklanki, posyp bitą śmietaną i udekoruj pokruszonymi kawałkami toffi.

87. Koktajl kawowy Banoffee

SKŁADNIKI:

- 1 dojrzały banan, mrożony
- 1 filiżanka zimnej kawy parzonej
- ½ szklanki mleka (mlecznego lub roślinnego)
- 2 łyżki syropu toffi
- 1 łyżka masła migdałowego
- Kostki lodu
- 1 łyżeczka kakao w proszku

INSTRUKCJE:

a) W blenderze połącz zamrożony banan, zimną kawę parzoną, mleko, syrop toffi i masło migdałowe.
b) Mieszaj, aż będzie gładka.
c) Dodać kostki lodu i ponownie zmiksować aż do uzyskania pożądanej konsystencji.
d) Przelać do szklanki i opcjonalnie posypać dodatkowo syropem toffi i kakao.

88.Koktajl białkowy Banoffee

SKŁADNIKI:
- 1 dojrzały banan
- ½ szklanki proszku białkowego waniliowego
- ¼ szklanki sosu toffi
- 1 szklanka mleka migdałowego
- Kostki lodu

INSTRUKCJE:

a) Zmiksuj dojrzałego banana, proszek białkowy waniliowy, sos toffi, mleko migdałowe i kostki lodu, aż dobrze się połączą.

b) Wlej do szklanki i delektuj się bogatym w białko smoothie Banoffee.

89. Koktajl Banoffee Blitz

SKŁADNIKI:

- 1 uncja (30 ml) rumu korzennego
- 1 uncja (30 ml) sznapsa toffi
- 1 uncja (30 ml) syropu z solonym karmelem
- 1 ½ uncji (45 ml) mleka
- ½ banana
- lód

INSTRUKCJE:

a) W blenderze wymieszaj 1 uncję przyprawionego rumu, 1 uncję sznapsa toffi, 1 uncję syropu solonego karmelu, 1 ½ uncji mleka i pół banana.
b) Do blendera dodaj garść lodu.
c) Wszystkie składniki miksujemy aż do uzyskania gładkiej i kremowej konsystencji.
d) Wlać koktajl do wybranego kieliszka lub naczynia do serwowania.
e) Udekoruj bitą śmietaną, posypką mielonego cynamonu i piankowym bananem.
f) Podawaj i ciesz się pysznym koktajlem Banoffee Blitz!

90. Wino jęczmienne i toffi

SKŁADNIKI:

- Wino jęczmienne Ale
- Smaczne ciasteczko toffi

INSTRUKCJE:

a) Dodaj garść ciasteczek do prasy francuskiej.

b) Dopełnij 12 uncjami wina jęczmiennego i pozostaw do zaparzenia na 3 minuty, następnie naciśnij filtr i podawaj.

c) Przepuść to przez kilka dodatkowych naciągów siatki, ponieważ w tym przypadku ciasteczko było znaczące. Może pozwól mu odpocząć dłużej, jeśli chcesz, aby ciasteczko wyszło zgodnie z przeznaczeniem.

91.Herbata Crème Brûlée Boba z toffi

SKŁADNIKI:
PUDDING CRÈME BRÛLÉE
- 2 łyżki granulowanego cukru
- 2 duże żółtka
- 1 szklanka gęstej śmietanki
- ½ łyżeczki ekstraktu waniliowego

BRĄZOWY CUKIER BOBA
- ½ szklanki boby
- 3 łyżki brązowego cukru
- 1 szczypta soli koszernej

HERBATA HOJICHA BOBA
- 2 szklanki mleka
- 3 torebki herbaty hojicha
- 2 łyżki granulowanego cukru
- 1 szczypta soli koszernej

MONTAŻ
- lód
- ¼ szklanki pokruszonych kawałków toffi

INSTRUKCJE:
PUDDING CRÈME BRÛLÉE
a) Dzień wcześniej masz ochotę napić się herbaty Boba, przygotować krem Brûlée i schłodzić przez noc.
b) Rozgrzej piekarnik do 250F.
c) W średniej misce wymieszaj cukier i żółtka, aż się połączą. Dodaj ciężką śmietankę i ekstrakt waniliowy i wymieszaj, aby połączyć.
d) Umieść żaroodporny pojemnik o pojemności 1 ½ szklanki w formie do pieczenia o wystarczająco wysokich bokach, aby można było wlać wodę do mniej więcej połowy wysokości pojemnika.
e) Zagotuj wodę w średnim garnku.
f) Wlać masę kremową do naczynia żaroodpornego. Otwórz piekarnik i lekko wysuń ruszt, a następnie umieść na nim formę do pieczenia.
g) Delikatnie wlej wrzącą wodę do formy do pieczenia, uważając, aby nie rozlać wody na krem. Kontynuuj zalewanie wrzącą wodą, aż osiągnie lub nieznacznie przekroczy poziom, na którym znajduje się

budyń. Delikatnie wsuń ruszt piekarnika z powrotem i zamknij piekarnik.

h) Piec przez 35-40 minut lub do momentu, aż krem się zetnie. Jeśli wygląda na płynny, piecz jeszcze 5 minut i sprawdź ponownie. Powinno być chwiejne w środku, ale nie płynne.

i) Wyjmij budyń z łaźni wodnej, a następnie pozostaw do ostygnięcia w temperaturze pokojowej. Przechowywać w lodówce do momentu wystygnięcia.

BRĄZOWY CUKIER BOBA

j) Zagotuj wodę w średnim garnku, dodaj bobę i gotuj na wolnym ogniu. Gotuj, aż całość będzie przezroczysta i miękka. Czas będzie zależał od rodzaju boba, który posiadasz, więc sprawdź opakowanie.

k) Odcedź bobę, następnie dodaj brązowy cukier i sól. Ostudzić.

Herbata HOJICHA Boba

l) Podgrzej mleko, aż zacznie parować.

m) Dodaj torebki herbaty. Zaparzaj herbatę przez 15 minut, następnie dodaj cukier i szczyptę soli. Wyciśnij nadmiar płynu z torebek z herbatą do herbaty Boba, a następnie wyrzuć torebki z herbatą.

n) Przechowywać w lodówce do momentu wystygnięcia i przechowywać w lodówce do momentu podania.

MONTAŻ

o) Napełnij 4 szklanki do połowy lodem. Rozłóż Boba i Boba Tea pomiędzy szklankami i wszystko zamieszaj. Do każdej filiżanki włóż dużą łyżkę crème Brûlée i posyp kawałkami toffi. Podawać na zimno!

92.Latte z orzechami toffi

SKŁADNIKI:
- 1 shot espresso
- 1 szklanka mleka na parze
- 2 łyżki syropu toffi z orzechami

INSTRUKCJE:
a) Zaparz shota espresso.
b) Ugotuj mleko na parze, aż się spieni.
c) Wymieszaj syrop z orzechów toffi.
d) Do filiżanki wlej espresso, zalej spienionym mlekiem i zamieszaj.

93. Toffi rosyjskie

SKŁADNIKI:
- 1 1/2 uncji wódki
- 1/2 uncji likieru kawowego
- 1/2 uncji likieru toffi
- 1 uncja śmietanki lub mleka
- Kostki lodu

INSTRUKCJE:
a) Napełnij szklankę kostkami lodu.
b) Do szklanki wlej wódkę, likier kawowy, likier toffi i śmietankę lub mleko.
c) Mieszaj, aż dobrze się wymiesza.
d) Ciesz się kremowym i dekadenckim rosyjskim toffi!

94.Banoffee Pie Martini

SKŁADNIKI:

- 1½ uncji (45 ml) likieru bananowego
- 1 uncja (30 ml) wódki karmelowej
- 1 uncja (30 ml) irlandzkiego likieru kremowego (np. Baileys)
- 1 uncja (30 ml) Pół na pół (pół mleka, pół śmietanki)
- lód
- Bita śmietana do dekoracji
- Sos karmelowy do polania

INSTRUKCJE:

a) Napełnij shaker do koktajli lodem.
b) Do shakera dodaj likier bananowy, wódkę karmelową, likier irlandzki śmietankowy oraz pół na pół.
c) Dobrze wstrząśnij, aż mieszanina ostygnie.
d) Przelej martini do schłodzonego kieliszka do martini.
e) Udekoruj kleksem bitej śmietany i odrobiną sosu karmelowego.
f) Podawaj natychmiast i ciesz się Banoffee Pie Martini!

95. Banoffee w starym stylu

SKŁADNIKI:
- 40 ml ciemnego rumu
- 20 ml rumu korzennego
- 15ml likieru bananowego
- 7½ ml syropu miodowego
- 1 kropla Angostura Bitters
- 1 odrobina gorzkiej czekolady

INSTRUKCJE:
a) Napełnij szklankę z lodem.
b) Wszystkie składniki wlać do szklanki i wymieszać.
c) Udekoruj chipsami bananowymi.
d) Ciesz się koktajlem Banoffee Old Fashioned!

96.Koktajl mleczny Banoffee

SKŁADNIKI:
- 1 łyżeczka oleju roślinnego
- 1 łyżka popcornu
- ⅓ szklanki sosu karmelowego
- 100 g gorzkiej czekolady, roztopionej
- 2 dojrzałe banany
- 2 gałki lodów waniliowych
- 1 ½ szklanki mleka
- Bita śmietana z puszki do podania
- Zwykłe precle do dekoracji
- Precle czekoladowe do dekoracji
- 20 g startej gorzkiej czekolady

INSTRUKCJE:

a) Rozgrzej olej w średnim rondlu na dużym ogniu. Dodaj prażoną kukurydzę.

b) Gotuj pod przykryciem, potrząsając patelnią, przez 3-4 minuty lub do momentu, aż ucichnie trzaskanie. Zdjąć z ognia.

c) Posolić i dodać 1 łyżkę sosu karmelowego. Mieszaj do pokrycia. Odstawić do ostygnięcia.

d) Wlej roztopioną czekoladę do 4 szklanek po 300 ml i delikatnie posmaruj krawędzie szklanek.

e) Zmiksuj banana, lody, mleko i 2 łyżki sosu karmelowego, aż masa będzie gładka i pienista. Wlać do przygotowanych szklanek. Posmaruj bitą śmietaną. Ułóż precle na górze szklanki.

f) Posyp popcornem karmelowym i startą czekoladą. Natychmiast podawaj.

97.Koktajl Banoffee Pie

SKŁADNIKI:
- 1 banan
- 2 uncje rumu bananowego
- 2 uncje pół na pół
- 2 łyżki Dulce de Leche
- lód

INSTRUKCJE:
a) W blenderze dodaj banana.
b) Następnie dodaj rum bananowy.
c) Dodaj pół na pół.
d) Dodaj Dulce de Leche.
e) Wymieszaj składniki i dodaj lód według uznania.

98.Banoffee Ciasto Frappe

SKŁADNIKI:

- 3 czubate łyżeczki słodowanego mleka
- 1 gałka lodów waniliowych
- 200 mililitrów) mleka
- 1 banan + 2 plasterki do posypania
- 20 ml sosu karmelowego
- 1 pokruszony biszkopt
- Szczypta cynamonu
- Kostki lodu

INSTRUKCJE:

a) W blenderze dzbankowym umieść mleko, mleko słodowe, banana, lody i kostki lodu.
b) Zmiksuj na pełnych obrotach, aby uzyskać gładki, kremowy napój.
c) Wlej frappę do ulubionej szklanki.
d) Całość polewamy sosem karmelowym lub syropem klonowym.
e) Dodaj pokruszone ciastko, kilka plasterków banana i szczyptę cynamonu do dekoracji.

99.Gorąca czekolada Banoffee

SKŁADNIKI:
- 1 szklanka gorącej czekolady (przygotowanej z mlekiem)
- 1 dojrzały banan, rozgnieciony
- 2 łyżki sosu toffi
- Bita śmietana do posypania
- Cynamon do dekoracji

INSTRUKCJE:
a) Przygotuj gorącą czekoladę z mleka.
b) Mieszaj z puree bananowym i sosem toffi, aż dobrze się połączą.
c) Całość posypujemy bitą śmietaną i posypujemy cynamonem.

100. Banoffee Colada

SKŁADNIKI:
- 1 dojrzały banan, obrany i pokrojony w plasterki
- 1 szklanka kawałków ananasa (świeżego lub z puszki)
- 2 uncje (60 ml) śmietanki kokosowej
- 1 uncja (30 ml) dulce de leche lub sosu karmelowego
- 2 uncje (60 ml) likieru bananowego
- 1½ uncji (45 ml) ciemnego rumu
- 1 szklanka kostek lodu
- Bita śmietana (do dekoracji)
- Plasterki bananów i ćwiartki ananasa (do dekoracji)

INSTRUKCJE:

a) W blenderze zmieszaj dojrzałego banana, kawałki ananasa, śmietankę kokosową, dulce de leche, likier bananowy, ciemny rum i kostki lodu.

b) Mieszaj, aż masa będzie gładka i kremowa.

c) Spróbuj i w razie potrzeby dostosuj słodkość, dodając więcej dulce de leche lub likieru bananowego.

d) Wlać mieszaninę do szklanek do serwowania.

e) Udekorować kleksem bitej śmietany.

f) Na wierzchu ułóż plasterki banana i ćwiartki ananasa.

g) Opcjonalnie: Bitą śmietanę polej dodatkowym dulce de leche lub sosem karmelowym, aby uzyskać dodatkową słodycz.

h) Włóż słomkę i ciesz się tropikalną i smakowitą Banoffee Coladą!

WNIOSEK

Żegnając się z „KOMPLETNA KSIĄŻKA KUCHENNA TOFFI", robimy to z sercami pełnymi wdzięczności za delektowane smaki, utworzone wspomnienia i słodką przyjemność dzieloną po drodze. W 100 kuszących przysmakach maślanej rozkoszy odkryliśmy nieskończone możliwości toffi i celebrowaliśmy proste przyjemności delektowania się domowymi przekąskami.

Ale nasza podróż nie kończy się tutaj. Wracając do naszych kuchni, uzbrojeni w nowo odkrytą inspirację i uznanie dla toffi, kontynuujmy eksperymenty, innowacje i tworzenie z wykorzystaniem tego wspaniałego słodyczy. Niezależnie od tego, czy robimy toffi dla siebie, czy dzielimy się nim z innymi, niech przepisy zawarte w tej książce kucharskiej będą źródłem radości i komfortu na długie lata.

A delektując się każdym pysznym kęsem, pamiętajmy o cieple kuchni, śmiechu bliskich i prostych radościach, jakie daje delektowanie się słodkim poczęstunkiem. Dziękujemy, że dołączyłeś do nas w tej pysznej podróży. Niech Twoja kuchnia wypełni się aromatem karmelizowanego cukru, Twoja spiżarnia wypełniona maślanymi dobrociami, a Twoje serce przepełnione będzie szczęściem płynącym z cieszenia się prostymi przyjemnościami życia.

www.ingramcontent.com/pod-product-compliance
Lightning Source LLC
Chambersburg PA
CBHW070352120526
44590CB00014B/1111